Ingo Jarosch · Die sanften Künste

# Licht aus dem Osten

Ratgeber von Oesch/Jopp

Kai-Uwe Frank
**Altchinesische Heilungswege**
Das Handbuch der fernöstlichen Naturheilkunde. 7. Auflage (Jopp/Oesch)

Wenchu Jin
**Wohlbefinden durch Duft-Qigong**
Die Wiederentdeckung der chinesischen Heilgymnastik. 2. Auflage (Jopp/Oesch)

Thomas Methfessel
**Tai Chi für Anfänger**
Illustrierte Einführung in die chinesische Bewegungsmeditation. 9. Auflage (Jopp/Oesch)

Franz Reichle (Hrsg.)
**Das Wissen vom Heilen**
Tibetische Medizin. 6., vollständig überarbeitete und erweiterte Auflage (Oesch)

Matthias Schramm
**Altindische Heilungswege – praktische Anwendung des Ayurveda**
(Jopp/Oesch)

Dieter Stahl
**Gesund und fit durch Reiki**
Entspannung, natürliche Heilung und Persönlichkeitsentwicklung. 3. Auflage (Jopp/Oesch)

Dieter Stahl
**Feng Shui**
So schaffen Sie sich ein gesundheitsförderndes und heilendes Umfeld. Neu (Oesch)

Jan Williamson
**Was dir deine Füße sagen**
Eine Einführung in die präzise Fußreflexzonenmassage und -therapie für Anfänger und Fortgeschrittene. Neu (Oesch)

In Ihrer Buchhandlung!

Programm-Informationen:
www.oeschverlag.ch
www.joppverlag.ch

Ingo Jarosch

# Die sanften Künste

Das Geschenk Asiens –
Harmonie, Körpererfahrung, Kraft
und Entspannung

Fotos von Miguel Hugo
Zeichnungen von Ingo Jarosch

Oesch Verlag

Satz: Oesch Verlag
Umschlagfoto: © XL Digitale Fotos, Zürich
Druck und Bindung: Ebner & Spiegel GmbH, Ulm
Printed in Germany

ISBN 3-0350-0016-6

Gern senden wir Ihnen unser Verlagsverzeichnis:
Oesch Verlag, Jungholzstraße 28, 8050 Zürich
E-Mail: info@oeschverlag.ch
Telefax 0041/1 305 70 66 (CH: 01 305 70 66)

Unser Buchprogramm finden Sie im Internet unter:
**www.oeschverlag.ch**

# Inhalt

# Vorwort

Dieses Buch will Sie für die sanften Künste Qigong, Hsing I, Bagua und Taiji begeistern. Um das zu erreichen, möchte ich Ihnen einige typische Übungen vorstellen, die Sie ganz gut auch ohne die Hilfe eines Lehrers erlernen können.

Alle Künste sehen übrigens nicht nur äußerst attraktiv, manchmal martialisch und dann wieder sehr anmutig aus, sondern sie lassen auch so etwas wie ein harmonisches Energiefeld entstehen, das nicht nur der Ausübende, sondern auch ein Betrachter spüren kann. Nicht zuletzt aber sagt man den »sanften Künsten« einen Hauch von schwärmerischer Mystik nach und vielleicht ist es gerade diese besondere Mischung von Ingredienzien, die ihren fernöstlichen Charme ausmachen.

Sollten Sie bereits eine der vorgestellten Künste kennen, dann werden Sie bestimmt die eine oder andere Anregung finden, die Sie für Ihr eigenes Training übernehmen können.

# Einleitung

Bestimmt haben Sie schon einmal von diesen zuerst fremd anmutenden Körperübungen und ihren die Gesundheit günstig beeinflussenden Eigenschaften gehört. Ihre Wirkung soll sowohl vorbeugend als auch heilend sein. Vielleicht kennen Sie auch den Begriff der körpereigenen Energie, die sich als Folge der zum Teil langsamen und harmonischen, fein aufeinander abgestimmten Bewegungsabläufe ausgleichend und wohltuend auf Körper und Geist auswirkt. Oder Sie wissen sogar schon etwas über den Energiefluß, der durch schlechte Lebensgewohnheiten ins Stocken geraten ist, der aber mit der richtigen Atmung, der richtigen Bewegung und der richtigen Vorstellungskraft wieder in Fluß kommen kann.
Die wohl bekanntesten sanften Künste sind Qigong und Taiji, die sehr oft auch zusammen unterrichtet werden. Tatsache ist, daß gerade diese beiden Bewegungskünste Anfängern sehr viel Freude machen und sie in der Regel schon recht früh ihre wohltuende Wirkung spüren können. Bereits nach den ersten Stunden erleben wir, wie körperliche und geistige Anspannungen nachlassen und Sie sich selbst viel bewußter und sensibler wahrnehmen können. Als Ergebnis dieses ganzheitlichen, also Körper und Geist gemeinsam berührenden Erlebnisses stellt sich oft eine für viele Menschen ganz neue Form von Ausgeglichenheit und Lebensfreude ein.
Ohne Scheu reden sie dann über das Verwurzeln mit dem Boden, über Energiefluß und über körperliches und geistiges Wohlbefinden.

Immer wieder höre ich Sätze wie:

- »Heute wollte ich erst nicht in die Übungsstunde kommen, weil ich so viel Streß im Büro hatte und jetzt bin ich die Ruhe selbst«, oder, wenn wir im Sommer in einem Park üben:
- »Ich dachte, wenn die Leute alle zuschauen, dann schaffst du das nie, aber schon nach kurzer Zeit habe ich sie gar nicht mehr wahrgenommen, ich war nur noch bei mir selbst«.
- »Ich habe das Gefühl, als wenn ich auf einmal ganz anders stehen und gehen würde, irgendwie fest mit der Erde verwurzelt«.
- »Es gibt jetzt Tage, an denen ich meine Rückenschmerzen, die mich jahrelang gequält haben, gar nicht mehr spüre«, oder gar:
- »Ich fühle mich oft wie neu geboren, so voller Energie.«

Alle sanften Künste, also Qigong, Hsing I, Bagua und Taiji gehören zu einem Gesundheitssystem, das auf Erfahrungen aus mehr als zweitausend Jahren zurückblicken kann. Sie alle sind ebenso Teile der traditionellen chinesischen Medizin wie Akupunktur, Kräutermedizin, Massagen und Feng Shui.

# Die Bewegungskünste

Redet man in Asien von den Bewegungskünsten, so sind damit im Grunde genommen immer die Kampfkünste gemeint. Da es kaum eine Kultur gegeben hat, in der nicht gekämpft wurde, kann man davon ausgehen, daß diese so alt wie die Menschheit selbst sind. Erst später wurden die Kampfkünste bei religiösen Feierlichkeiten ritualisiert und auch bei vielen anderen Anlässen aufgeführt.
Bei den Kampfkünsten gibt es zwei Kategorien, und zwar auf der einen Seite die harten, äußeren Künste und auf der anderen Seite die weichen, inneren Künste. Letztere bezeichnet man auch als die sanften Künste.

## Die harten Künste

In einer Zeit, in der das tägliche Leben nicht so sicher wie heute war, bildete das erfolgreiche Kämpfen eine der wichtigsten Voraussetzungen für das eigene Überleben. Das galt nicht nur bei kriegerischen Auseinandersetzungen mit benachbarten Völkerstämmen, sondern auch sehr oft im direkten Umgang mit seinen Mitmenschen.
Siegen konnte immer nur, wer stark und gewandt war, wer möglichst viele Kampftechniken beherrschte und somit in jeder Situation seine körperliche Überlegenheit als die stärkste Waffe einsetzen konnte.
Voraussetzung für die Beherrschung der verschiedensten Angriffs- und Verteidigungstechniken und damit im Ernstfall für einen Sieg war ein jahrelanges hartes Trai-

ning, das teilweise bis an die Grenzen der eigenen Leistungsfähigkeit ging. Ganz egal, ob nun mit oder ohne Waffen geübt wurde, oberstes Ziel war, den Körper abzuhärten, ihn unempfindlich gegen Schmerzen und Verletzungen zu machen und ständig die Kräfte zu steigern.
China wird bei der Entwicklung vieler Kampfsysteme eine Schlüsselposition zugeschrieben, obwohl dort für lange Zeit die Kampfkünste verboten und teilweise verpönt waren. Sehr oft konnten sie nur im engsten Familienkreis oder in Geheimbünden praktiziert werden.
Man geht davon aus, daß chinesische Kampfkünstler ihr Wissen in andere asiatische Länder exportiert haben, daß Reisende oder Kaufleute, die in China weilten, diese Systeme gelernt und in ihre Heimat mitgenommen haben.
Ganz anders ging man mit dem Kampfsport zur Zeit des feudalen Japan um. Hier gehörte er zu den Privilegien der Samurai und durfte auch nur von diesen ausgeübt werden. Bedingt durch die allgemeine technische Weiterentwicklung der Waffen, insbesondere aber unter dem Einfluß des Zen-Buddhismus veränderten sich die Kampfsportarten und sie wurden zu Kampfkünsten.
Die Kunst des Bogenschießens oder die Kunst das Schwert zu ziehen sind ganz typische Beispiele für diese Entwicklung. Immer unwichtiger wurde, ob die Techniken überhaupt noch für einen Kampf tauglich waren. Jetzt wurde ihre praktische Ausführung, und zwar ohne Gegner, zur eigenen geistigen Erziehung und als Mittel zur Meditation eingesetzt.
Selbst so alltägliche Verrichtungen wie die Teezubereitung oder das Blumenstecken wurden in diese Entwicklung mit einbezogen. Auch die Töpferei, die Malerei oder die Kalligraphie sind weitere Beispiele dafür, daß nicht die Handlung an sich, sondern ausschließlich ihre bewußte und besondere Art der Ausführung zum Merkmal dafür wurde, ob es sich um eine Zenkunst handelte.

Dieser Aspekt der Selbstdisziplin hat sich bis heute erhalten. Karateschüler z.B. lernen während des Unterrichts, mit Armen, Händen, Beinen und Füßen gegen so genannte Makiwaras, das sind federnde Holzbretter, zu schlagen und zu treten. Bevor sie das aber schmerzfrei können, müssen sie ihre Angst vor gerade diesen Schmerzen überwinden. Wenn sie das geschafft haben, dann können sie auch bei öffentlichen Veranstaltungen dem staunenden Publikum beweisen, wie leicht Bretter und Ziegelsteine zerschmettert werden können.
Tatsache ist, daß in dem Augenblick, in dem die Angst überwunden wird, die Gefahr von ernsthaften Verletzungen wirklich äußerst gering ist. Diesen inneren Kampf mit der Angst führt der Schüler immer wieder aufs Neue und er erfährt dabei, wo er auf dem Weg zu den Kampfkünsten steht.

## Die sanften Künste

Um die sanften Künste Qigong, Hsing I, Bagua und Taiji zu beschreiben, wäre es zu einfach, sie als das genaue Gegenteil der harten Künste darzustellen. Beide Richtungen weisen noch heute sehr viel mehr Gemeinsamkeiten als trennende Faktoren auf.
Ein erster Schritt in diese neue Entwicklung bestand darin, die ausschließlich auf Muskelkraft beruhenden harten Techniken so zu modifizieren, daß sie auch von einem schwächeren Kämpfer wirkungsvoll eingesetzt werden konnten. Die Anhänger der sanften Künste verzichteten nahezu vollständig auf alle brutalen und aggressiven Elemente und hoben damit den defensiven Charakter hervor. Selbst wenn man gewollt hätte, konnte man einem Angriff jetzt gar nicht mehr mit der gleichen, rohen Gewalt begegnen. Als einzige Möglichkeit

der Verteidigung blieb sehr oft nur noch ein geschicktes Ausweichen vor dem Gegner, um ihn dann mit einer einfachen aber sehr wirkungsvollen Technik zu besiegen. Um bei dieser neuen und ungewöhnlichen Art des Kämpfens überhaupt zu überleben, mußte der Kämpfer in erster Linie seine innere Einstellung ändern. Auf Grund seines besonderen Trainings konnte er sich in einen Zustand versetzen, der ihn in gefährlichen Situationen geradezu unverständlich ruhig, vollkommen angstfrei und gleichgültig werden ließ. Alle Gefühle, die einen Kampf in irgendeiner Form negativ beeinflussen konnten, ließ er nicht zu. Ohne innere Regung trug er seine Abwehrtechniken vor, und ein Gegner hatte den Eindruck, mit einer gefühllosen Maschine zu kämpfen.
Ein Meister der inneren Kampfkünste ließ sich durch nichts und durch keinen noch so überlegenen Gegner aus der Ruhe bringen. Er wartete einfach auf seine Chance und allein schon dieses Verhalten löste bei einem Angreifer Verwirrung aus. Und das war das erste Ziel.

Viele der weniger komplexen Übungen des *Qigong* lassen sich manchmal nur mit sehr viel Fantasie als Kampftechniken interpretieren. Deshalb ist in der Literatur ihre Zurechnung zu den Kampfkünsten auch nicht unbedingt zwingend. Aber da gibt es, wie Sie später sehen werden, den zweiten Brokat mit dem Namen *Den Bogen spannen und den Adler schießen.* Allein das Spannen des Bogens läßt trotz des Hinweises auf die Jagd den Schluß zu, daß es sich auch um einen Kampfbogen handeln könnte. Und der siebte Brokat *Die Fäuste ballen* hat den vielleicht weniger bekannten Zusatz *und mit den Augen funkeln.* Hier handelt es sich zweifellos um eine kämpferische Auseinandersetzung.

Auch bei der Qigongform des tanzenden Kranichs lassen sich ohne Anstrengung viele Stellungen als Kampftechniken auslegen. Gerade der Kranich, der in der gesamten asiatischen Kultur und Mythologie als Symbol für Eleganz, Anmut, Leichtigkeit, Kraft, Dynamik aber auch Ruhe gilt, stand bei sehr vielen Kampfstilen für die Entwicklung besonderer Techniken Pate. Das Qigong des schwimmenden Drachen, der Drache ist ein Fabelwesen, das auf den Wellen des Meeres reiten und über den Wolken fliegen kann, hat ebenfalls viele Kampfkünstler zu sehr wirkungsvollen Greif- und Schlagtechniken inspiriert.

Aber nicht alle Qigongformen sind auf eine äußere Bewegung angewiesen. Zwar wird zu Beginn immer eine bestimmte Stellung oder Position, wie zum Beispiel der Lotossitz, eingenommen, aber die eigentliche Übung besteht in der inneren Bewegung. Diese sieht so aus, daß der Atem mit Hilfe der Gedanken, also der Imagination, durch den Körper begleitet und gelenkt wird. Sie werden später in dem Kapitel über die Beatmung der Energiekreisläufe mehr darüber erfahren.

Bei der wohl ältesten weichen Bewegungskunst *Hsing I* spricht allein schon das äußere Erscheinungsbild dafür, daß es hier ums Kämpfen geht. Dabei sind zwei grundsätzliche Bereiche zu unterscheiden.

Der erste besteht aus den Bewegungen von zwölf Tieren, die in einigen Stilrichtungen nicht immer identisch sind. Die Beobachtung von Kämpfen dieser Tiere untereinander führten zu den äußerst angriffslustig wirkenden und sehr schnell ausgeführten Techniken des Hsing I.

Anders als in allen anderen Kampfformen werden die Tiere in ihren Bewegungen nicht einfach kopiert. Grundlage ist *Hsing,* das soviel wie Form oder äußere Erscheinung bedeutet. Daraus entwickelt sich *I,* das für Wille,

Absicht oder inneres Wesen steht. Über das Nachahmen einer ganz bestimmten Bewegung erschließt sich das Wesen des Tieres und damit der Sinn der ausgeführten Bewegung. Ein Schüler erlangt durch die Imitation eines Tieres auch Zugang zu dessen Wesen. Dieses Naturverständnis zeugt von der tiefen Verbundenheit der Menschen mit der Natur in der damaligen Zeit.
Im zweiten Bereich werden die fünf Elemente Wasser, Holz, Feuer, Erde und Metall in menschliche Bewegungen umgesetzt, die als grundsätzliche Arm-, Bein- und Körpertechniken dieser Kunst gelten. Obwohl alle Bewegungen normalerweise sehr schnell ausgeführt werden, kann man sie ebenso gut auch langsam vortragen.

Im Gegensatz zu den Tierbildern des Hsing I, die nur in gerader Linie dargestellt werden, trägt man alle Bewegungen beim *Bagua* auf einer gedachten Kreislinie vor. Der große Vorteil für den Bagua Kämpfer besteht darin, daß er seinem Gegner nicht mehr direkt gegenüber steht. Dadurch kann er Angriffe viel besser ab- und umlenken und den direkten Zusammenprall vermeiden.
Auf dieser Kreislinie muß er sehr schnell laufen und ständig unerwartete Richtungsänderungen ausführen. Dann taucht er plötzlich ab, springt wieder auf, läuft durch den Kreis, um auf der gegenüber liegenden Seite in der Gegenrichtung weiterzurennen. Schnelle Körperdrehungen, schnelle Arm- und Beinbewegungen und immer wieder das schnelle Laufen bestimmen den Gesamteindruck, und man muß sich manchmal fragen, ob es sich überhaupt um eine Kampfkunst handelt.
Einzelne Tricks, Ablenkungsmanöver oder Finten vermag man vielleicht noch zu unterscheiden, aber man erkennt kein System. Sinn und Zweck dieser neuen und ungewöhnlichen Kampfform war tatsächlich, einen Gegner

mit den verwirrenden Bewegungen zu täuschen und gleichsam einzulullen.
Ein Angreifer sah sich immer schon als sicherer Sieger, weil er glaubte, sein Gegenüber laufe vor ihm weg. Dieser vollkommen falsche Eindruck machte ihn leichtsinnig und seine bevorstehende Niederlage war damit schon so gut wie besiegelt. Denn alle Techniken des Bagua sind, wenn sie von einem Experten angewendet werden, äußerst gefährlich.
Der geistige Hintergrund für diese Kampfform entstammt dem I Ging, einem der Grundwerke der asiatischen Lebensphilosophie. Gemäß den acht Trigrammen, dabei handelt es sich um die möglichen Dreiergruppen durchgehend oder unterbrochen gezeichneter Linien, gibt es acht Grundtechniken, die den Elementen Himmel, Erde, Donner, Wind, Wasser, Feuer, Berg und See entsprechen.
In der Bewegung werden diese Elemente in verschiedenen Formen immer wieder geändert, so daß sich wie beim I Ging 64 Möglichkeiten ergeben. Der Bagua Kämpfer versucht mit seinen Schrittfolgen und seinen Richtungswechseln diese sich ständig ändernden Erscheinungsformen der Elemente nachzuvollziehen.

Ganz anders sieht *Taiji* aus. Hier hat der Zuschauer wirklich den Eindruck, eine sanfte Bewegungskunst zu sehen, und jemand, der zum ersten Mal einer längeren Bewegungsfolge zuschaut, wird kaum an einen Kampf auf Leben und Tod denken. Viel eher wird er an ein verträumtes Ballett erinnert, in dem der Tänzer im Zeitlupentempo eine wunderschöne Geschichte erzählt. Auch wenn manchmal eine Faust zu erkennen ist, dann wieder spitze Finger oder ein angehobenes Bein, alles also Gesten, die auch für einen Kampf taugen würden, so sieht doch nichts bedrohlich aus.

Und dennoch erscheinen die Armbewegungen, Schrittfolgen und Körperdrehungen irgendwie fremd. Was immer der Zuschauer sieht oder zu sehen glaubt, es wird ihm schwer fallen, seine vielfältigen Eindrücke zu beschreiben, denn alle Bewegungen lösen sich sofort wieder auf und gehen nahtlos in eine andere über. Selbst wenn ihm Worte wie harmonisch, entspannt, elegant, leicht, fließend, schwerelos oder ruhig einfallen, so treffen diese doch nicht ganz das, was er sieht.
Das geübte Auge wird erkennen, daß der Taiji-Tänzer fest wie ein Berg auf dem Boden steht, aus dem er für alle Bewegungen Kraft schöpft. Schrittfolgen vermitteln den Eindruck von ansatzlosem Rollen und ruckfreiem Gleiten über den Boden. Die volle Konzentration und Körperbeherrschung ist zu spüren, nichts bleibt dem Zufall überlassen, alle Abläufe sind fein aufeinander abgestimmt. Und dennoch wurde Taiji als äußerst wirkungsvolle Form der Verteidigung entwickelt.
Auch Taiji hat seine philosophische Grundlage im Taoismus, dessen Kernaussage darin besteht, daß der Mensch nicht getrennt von der Natur existiert, sondern ein Teil von ihr ist. Wenn es ihm gelingt, im Einklang mit der Natur zu leben, wird er nicht nur sich selbst, sondern auch seine Umwelt und das Zusammenwirken aller Dinge besser verstehen. Dann lebt er mit sich und der Welt in Harmonie.

Wenn sich heute jemand dazu entschließt, eine sanfte Bewegungskunst zu lernen, dann wird es ihm vollkommen gleichgültig sein, ob er damit auch kämpfen kann oder nicht. Er wird in erster Linie daran denken, etwas Schönes, Ästhetisches, Harmonisches und bestimmt auch etwas Anspruchsvolles und nicht Alltägliches zu tun. Darüber hinaus ist ihm auch wichtig, daß es nicht allzu anstrengend ist, mit einem Wort, es muß Körper und Geist gleichermaßen zufrieden stellen.

Das alles wird er bei den sanften Künsten finden, denn die vier Systeme sind für einen individuellen Einstieg geradezu prädestiniert. Niemand braucht hier auf die wohltuenden Wirkungen zu verzichten, wenn er die Bewegungen seiner körperlichen Leistungsfähigkeit anpaßt. Jeder spürt auch in der Regel selbst, wann er sich bei bestimmten Übungen etwas zurücknehmen muß und wann er sich wieder mehr zutrauen kann.
Selbst beim Hsing I und Bagua, die normalerweise sehr schnell vorgetragen werden, ändert es nichts, wenn die Bewegungsabläufe langsam ausgeführt werden und generell ein weniger tiefer Stand gewählt wird. Während des Unterrichts wird sehr oft in diese etwas leichtere Form des Trainings ausgewichen, wenn neue Techniken gelernt werden. Sie prägen sich, so paradox es klingen mag, langsam ausgeführt bedeutend schneller und auch nachhaltiger ein.
Was das geistige Wohlbefinden anbelangt, so spürt man bereits schon bei den ersten Übungen den langen, ruhigen Atem, der für die sanften Bewegungskünste so typisch ist. Automatisch wird man Teil der ihnen eigenen Harmonie und man ahnt die Macht des Jahrtausende alten Wissens, das hinter allem steht.
Das ist der Augenblick, in dem man sich von dem Geist der sanften Künste gefangen nehmen lassen sollte. Wenn man sich jetzt ihrem Wirken öffnet, werden blokkierte Energien wieder frei und das herbei gesehnte geistige und körperliche Wohlbefinden stellt sich ein.

# Vorbereitungen

Nach dem, was Sie bisher über die sanften Künste erfahren haben, können Sie vielleicht schon ahnen, daß es sich dabei um sehr viel mehr als nur einfache, gymnastische Übungen handelt. Mit ihrer Hilfe können Sie tatsächlich Ihren Körper und Geist und damit auch Ihre körperliche und geistige Gesundheit kultivieren. Was sollte Sie also davon abhalten, sich auch eine entsprechend harmonische Übungsumgebung zu schaffen?

Achten Sie bei der Suche nach einem geeigneten Platz zum Beispiel darauf, daß er ausreichend beleuchtet ist und verstecken Sie sich nicht in einer dunklen Kammer. Außerdem sollte der Raum gut durchlüftet und angenehm temperiert sein. Wechseln Sie Ihre Kleidung und schlüpfen Sie gleichsam in eine andere Haut. Diese soll bequem sein und Sie nicht in den Bewegungen und bei der Atmung einengen.

Wenn es Sie wirkungsvoll entspannt, aber das müssen Sie selbst ausprobieren, dann brauchen Sie auch nicht auf Musik zu verzichten. Wählen Sie in diesem Fall möglichst meditative Titel aus und versuchen Sie, den langen Atem dieser Musik in sich aufzunehmen. Sehr schnell werden Sie auf der einen Seite Ruhe, auf der anderen Seite eine entspannte Aufmerksamkeit spüren.

Und noch etwas. Machen Sie aus Ihrem täglichen Übungsprogramm ein Ritual. Zelebrieren Sie den gesamten Trainingsablauf einschließlich der Vorbereitungen. Je selbstverständlicher Sie das alles planen und in die Tat umsetzen, desto größer sind hinterher die Streicheleinheiten für Ihre Seele.

## Erste allgemeine Übungen

Bevor Sie Qigong, Hsing I, Bagua oder Taiji üben, sollten Sie sich immer mit leichten Bewegungen ein wenig aufwärmen. Der Unterschied zur herkömmlichen Gymnastik besteht allerdings darin, daß meine Übungen kaum belasten und deshalb auch von Menschen gemacht werden können, die schon seit langem keinen Sport mehr getrieben haben.
Alle Übungen praktiziere ich übrigens seit Jahren nahezu ohne Änderung selbst und gebe sie in dieser Form auch immer wieder weiter. Wenn Sie versuchen, bei der Ausführung auf Kraft und Anstrengung zu verzichten, dann bleiben Sie locker und Sie können fast übergangslos von einer Technik zur nächsten wechseln.
Es ist durchaus möglich, daß in der Literatur die eine oder andere dieser Übungen bereits dem Qigong zugerechnet wird. Sie sehen daran, wie fließend die Grenzen gerade in diesen Bereichen sind.

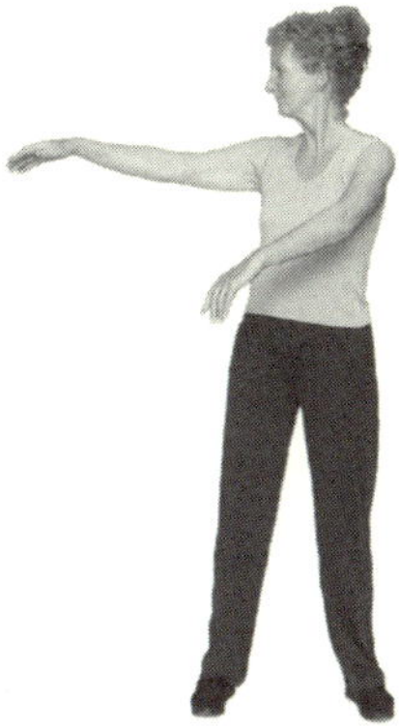
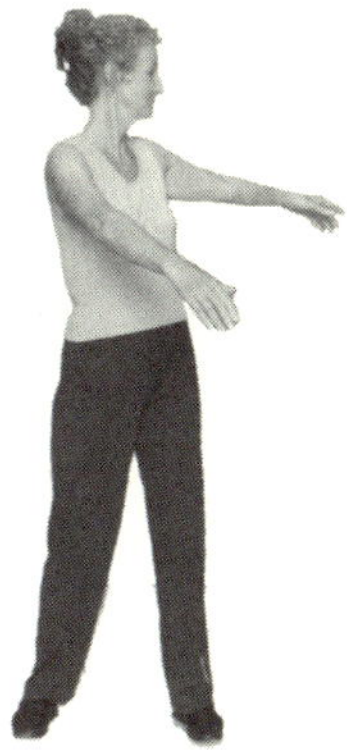

## Die Arme zur Seite schwingen

**1, 2** Stellen Sie sich so hin, daß Ihre Füße etwa schulterbreit auseinander stehen, drücken Sie Ihre Knie nicht durch und lassen Sie Ihre Arme lokker an der Seite nach unten hängen. Drehen Sie sich jetzt seitlich in der Hüfte und schlenkern Sie Ihre Arme langsam hin und her. Beziehen Sie den ganzen Oberkörper und Ihren Kopf in die Drehung mit ein.
Lassen Sie Ihren rechten Arm bei dem Schwung nach links auf Ihren Bauch und den linken Arm auf Ihren Rücken klopfen. Entsprechend berührt bei dem Schwung nach rechts der linke Arm den Bauch und der rechte Arm den Rücken.

**3, 4** Wenn Sie sich etwas energischer in der Hüfte drehen, dann stehen Ihre Arme wegen der höheren Geschwindigkeit immer mehr vom Körper ab. Bei der Drehung nach rechts schlägt die linke Hand auf Ihren rechten Oberarm und die rechte Hand von hinten an Ihre linke Hüfte. Bei der Drehung nach links schlägt die rechte Hand auf Ihren linken Oberarm und die linke Hand von hinten an Ihre rechte Hüfte.
Lassen Sie immer noch Ihre Knie leicht gebeugt und widerstehen Sie der Versuchung, mit zunehmendem

Schwung auch Ihre rechte beziehungsweise linke Ferse anzuheben. Werden Sie wieder langsamer und lassen Sie die Bewegung allmählich ausklingen.

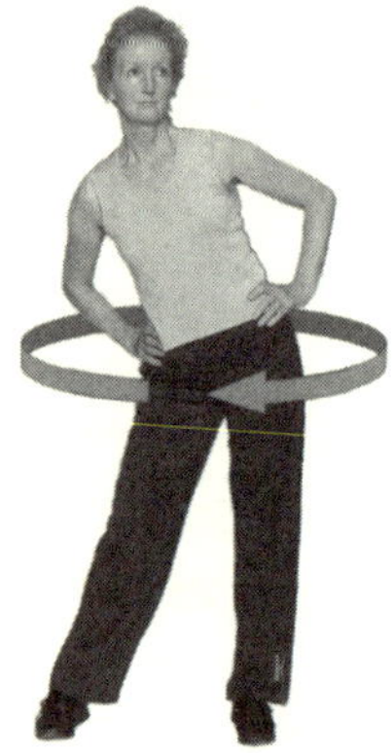

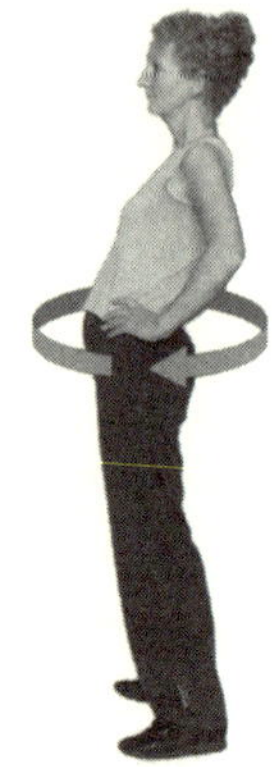

**Die Hüfte und die Knie kreisen**

**5–8** Übernehmen Sie den sanften Restschwung aus der letzten Übung, und setzen Sie ihre Hände auf die Hüften. Kreisen Sie mit Ihrem Becken einige Male erst links und dann rechts herum und unterstützen Sie ein wenig mit Ihren Händen die Rotation.
Versuchen Sie dann, sich einige Male so weit Sie können nach links und nach rechts zu neigen, ohne dabei mit dem Oberkörper nach vorne oder hinten zu kippen, und kreisen Sie anschließend wieder Ihre Hüften.

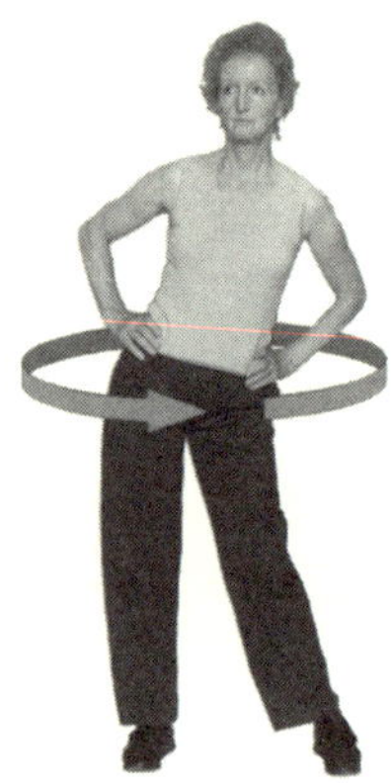

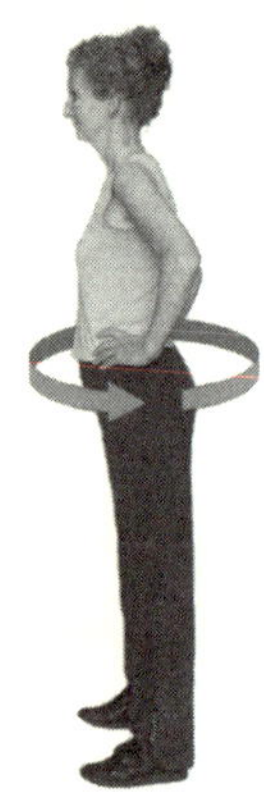

**9, 10** Neigen Sie sich nach vorne und lassen Sie Ihre Hände auf die Knie rutschen. Übernehmen Sie mit Ihren Knien die Rotation aus der Hüfte und kreisen Sie die Knie zuerst mehrmals von außen nach innen und anschließend mehrmals von innen nach außen. Ihre Knie beschreiben zwei gegenläufige Kreise und Sie unterstützen die Bewegung aktiv mit Ihren Händen.

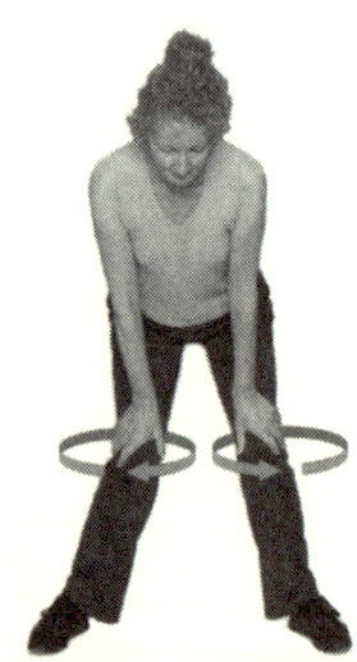

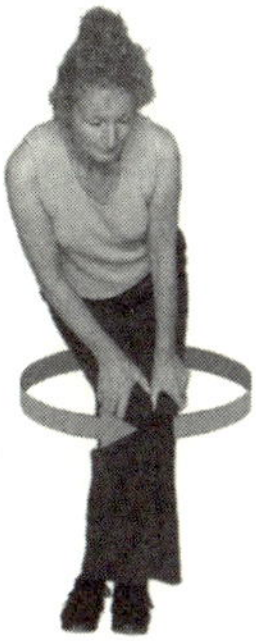

**11,12** Lassen Sie Ihre Hände immer noch auf den Knien ruhen und stellen Sie Ihre Füße näher zusammen. Kreisen Sie die Knie zusammen zu erst nach links und dann nach rechts. Unterstützen Sie auch jetzt wieder die Rotation aktiv mit Ihren Händen.

Je mehr Sie bei dieser Übung die Knie gebeugt haben, desto besser gelingen Ihnen auch die Kreise.

## Die Beine lockern und klopfen

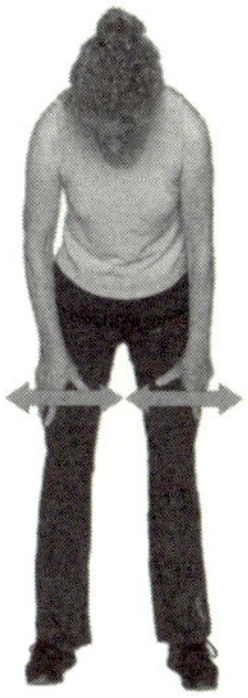

**13** Stellen Sie sich, wenn Sie mögen, wieder etwas bequemer hin und machen Sie die Beine gerade, ohne die Knie durchzudrücken. Legen Sie die Hände vorn auf Ihre Oberschenkel und beginnen zunächst ganz vorsichtig, dann aber immer kräftiger mit den Händen die Muskulatur so ins Schwingen zu bringen, daß die Oberschenkel hin- und herschwabbeln.

Ihre Muskeln sind wirklich nur dann locker, wenn Sie die Knie nicht durchdrücken.

**14** Neigen Sie sich, und die Beine bleiben immer noch gerade, so gut Sie können weiter nach vorne und lassen Sie gleichzeitig auch die Hände an den Beinen nach unten rutschen. Versuchen Sie, Ihre Unterschenkel zu erreichen und beginnen Sie, diese kräftig mit den Händen zu reiben.

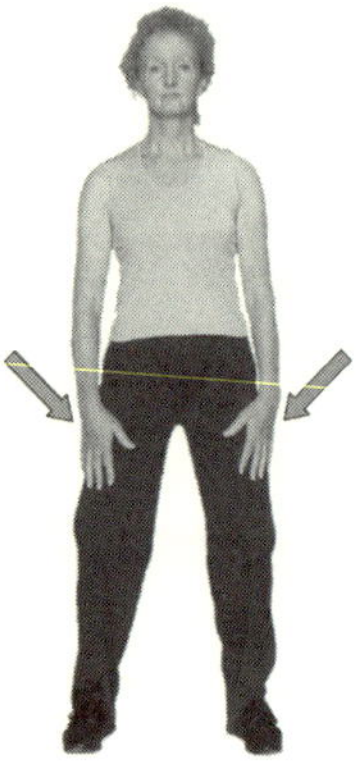

**15** Klopfen Sie anschließend von unten bis hinauf zu den Oberschenkeln mit leichten Klapsen auf die gesamte Beinmuskulatur.
Das Reiben und die leichten Schläge sorgen für eine besonders gute Durchblutung.

## Die Arme nach vorne und nach hinten schwingen

**16, 17** Übernehmen Sie die Beinstellung aus der letzten Übung und beugen Sie wieder die Knie. Heben Sie beide Arme langsam bis in Kopfhöhe an und lassen Sie sie dann nach unten fallen. Nutzen Sie den Rückschwung aus, um die Arme wieder langsam nach oben steigen zu lassen und federn Sie, wenn Sie mögen, dabei etwas in den Knien nach.
Diese Bewegung entwickelt, und Sie werden das sehr schnell spüren, eine gewisse Eigendynamik. Die zunehmende Geschwindigkeit der nach unten fallenden Hände geht nahtlos in das langsamere Aufsteigen der Hände über. Bemühen Sie sich im-

mer noch, so gut wie keine Kraft einzusetzen.

## Arme und Hände ausschütteln

Bleiben Sie wie in der letzten Übung stehen und schütteln Sie Ihre Arme und Hände zunächst gefühlvoll, dann aber kräftig aus. Beobachten Sie das Schütteln der Muskeln von den Armen bis in die Fingerspitzen. Kommen Sie langsam wieder zur Ruhe.

# Qigong

Qigong, das bedeutet soviel wie Arbeit mit der Energie, wurde zumindest in den ersten westlichen Veröffentlichungen noch als ein Übungssystem mystifiziert, das denen, die es praktizierten, geradezu übernatürliche Kräfte zusprach. Und auch heute noch ist dieser Eindruck nicht völlig aus der Luft gegriffen.
Erst neulich las ich zum Beispiel in einer Tageszeitung, daß drei Männer in Taipeh einen mit einhundert Frauen und Kindern besetzten Lastwagen mit ihren Penissen gezogen haben. Sie waren zu dieser doch recht ungewöhnlichen Demonstration nur Dank ihrer Qigongübungen in der Lage.
Aber unabhängig von dieser besonderen Präsentation hat fast jeder schon von den geradezu sagenhaften Kunststücken der Shaolin-Mönche gehört oder diese sogar selbst gesehen.
Genauso spektakulär, aber viel leiser, ist das zu Heilzwecken eingesetzte Qigong. Sie erinnern sich vielleicht noch an das vor Jahren im Fernsehen gezeigte Finger-Qigong von Meister Wang, das bei vielen Krankheiten hilft. Andere Möglichkeiten bietet das Duft-Qigong, das heilende Düfte erzeugen kann, oder das Laute-Qigong, das mit körpereigenen Lauten bestimmte Organe in sanfte, heilende Schwingungen versetzen kann, oder das Augen-Qigong, das Fehlsichtigkeiten minimiert oder gar heilt. Es ist auch kein Geheimnis mehr, daß es Qigongübungen gibt, die speziell gegen Krebs entwickelt wurden, die nicht nur in China, sondern auch in Europa schon zu vielen Heilungen geführt haben.

Eines allerdings haben alle Techniken und Zielrichtungen des Qigong, ja im Grunde genommen alle sanften Künste gemeinsam, nämlich die Arbeit mit der Lebensenergie Qi. Diese fließt nach asiatischer Auffassung in den Meridianen. Dabei handelt es sich um Linien oder Bahnen, die unseren gesamten Körper durchdringen. Das sehr weit verzweigte Netz können Sie sich etwa wie unsere Nervenbahnen vorstellen. Bei allen Heilmaßnahmen wie Akupunktur, Akupressur oder Shiatsu werden diese Energiekanäle ebenso genutzt, wie bei den sanften Künsten.

Damit sich nun die positiven Wirkungen auch voll entfalten können, müssen Sie in erster Linie richtig atmen. Die Atmung gehört neben Essen und Trinken zu den wichtigsten Energielieferanten für unseren Körper. Leider verbinden wir mit dem Atmen nur die erforderliche Sauerstoffaufnahme für unseren Organismus, es hat für uns nur diese eine Funktion und deshalb auch keine besondere Qualität. Wir atmen und nehmen unseren Atem doch kaum wahr. Wen wundert es, daß unsere Atmung vollkommen falsch und unterentwickelt ist?

Atmen ist aber viel mehr, als nur das Luftholen. Obwohl wir uns darüber gar nicht im klaren sind, reagiert unser Atem äußerst sensibel und unmittelbar auf äußere Einflüsse. Entspannte Bewegungen lassen ihn langsam, ruhig und tief werden. Große Anstrengungen erfordern wegen des erhöhten Sauerstoffbedarfs ein viel schnelleres Luftholen. Aber auch Gefühle wie Freude, Liebe, Unbehagen, Trauer, Angst oder Panik verändern ihn, ohne das wir dies steuern können. Er wird kurz, flach, hechelnd, schnaufend, schnurrend, genießerisch, gepreßt und laut oder leise. Und trotzdem messen wir diesem für unseren Körper so wichtigen Vorgang weiter keine Bedeutung zu und von einem positiven Einfluß des richtigen Atmens auf unsere Psyche haben wir noch nie

etwas gehört. Wir haben weitgehendst die Fähigkeit verloren, mit Hilfe der Atmung unseren Körper ständig mit neuer Lebensenergie aufzuladen.
Eine ganz andere Bedeutung hat die Atmung bei allen östlichen Entspannungstechniken und Gesundheitssystemen. Da muß sie tief, ruhig und gleichmäßig sein. Das wird sie aber nur dann, wenn Sie in einen ganz besonderen Bereich Ihres Körpers atmen, der in allen östlichen Kulturen als Quelle nahezu unerschöpflicher Kraft und Energie gilt. Man bezeichnet ihn als Dantian, das Elixierfeld oder auch das Meer der Energie und er befindet sich etwa drei Finger breit unterhalb des Bauchnabels im Körperinneren.
Eine weitere Voraussetzung für das gesundheitliche Wirken ist die richtige Vorstellung und Aufmerksamkeit beim Üben. Darunter ist zu verstehen, daß wir bei dem, was wir gerade tun, mit allen unseren Sinne sein sollen. Ein alter Zenmeister hat einmal gesagt: *Wenn ich esse, dann esse ich, wenn ich trinke, dann trinke ich, wenn ich schlafe, dann schlafe ich.* Das hört sich sehr einfach an, ist aber, wenn wir ehrlich zu uns selbst sind, sehr schwer. Wenn wir essen und trinken, dann unterhalten wir uns dabei oder lesen Zeitung. Wenn wir schlafen wollen, finden unsere Gedanken keine Ruhe und wir wälzen uns stundenlang im Bett herum. Wir müssen wieder lernen, nicht nur körperlich, sondern auch gedanklich bei der Sache zu sein. Ein erster wichtiger Schritt dahin ist, wie ich eingangs sagte, die richtige Vorbereitung. Von grundsätzlicher Bedeutung aber ist die Konzentration auf die Übungen und das gedankliche Lenken und Begleiten des Atems durch den Körper.
Das Zusammenspiel von richtiger Atmung, Aufmerksamkeit und Vorstellungskraft werden Sie mit der einleitenden Übung zu den acht Brokaten kennen lernen.

## Die acht Brokate

Die acht Brokate sind eine besonders schöne und leicht lernbare Übungsreihe des Qigong, mit der Sie sehr gut Ihre körperliche und geistige Gesundheit aufbauen, pflegen und steigern können. Darüber hinaus erreicht man auch sehr oft beim Üben einen tiefen Entspannungszustand. Wen wundert es also, wenn sie immer öfter bei anderen Kampfkünsten wie z.B. dem Judo, Karate oder Aikido als vorbereitende Übungen praktiziert werden. Daß sie wegen ihrer verwandtschaftlichen Nähe zum Taiji auch sehr gerne mit diesem zusammen unterrichtet werden, unterstreicht zusätzlich ihren hohen Stellenwert bei den sanften Künsten.

In der Praxis hat sich bewährt, wenn

- Sie sich erst einmal die einzelnen Fotos jedes Brokats ansehen und in Ruhe den beschreibenden Text lesen.
- Sie versuchen, die Bewegungen aller acht Brokate langsam, wie in Zeitlupe auszuführen.
- Sie lassen die Bewegungen, wie auch beim Taiji, in der eigenen Mitte entstehen.
- Sie versuchen, übergangslos ein- und auszuatmen. Wenn Sie mit Pausen oder zögernd atmen, werden auch Ihre Armbewegungen eckig und verlieren ihren natürlichen Fluß.
- Sie darauf achten, daß die Atmung mit den Bewegungen überein stimmt.
- Sie immer erst dann den nächsten Brokat üben, wenn Sie den letzten wirklich beherrschen. Natürlich können Sie die gesamte Übungsreihe auch in zwei bis drei Stunden lernen, aber ein langsames Einstudieren bringt Ihnen auf Dauer mehr.

- Sie regelmäßig üben. Regelmäßig üben heißt, daß Sie jeden Tag einen Durchgang machen sollten, nicht mehr, aber auch nicht weniger. Es macht keinen Sinn, »im voraus« zu üben oder »Versäumtes« zu einem späteren Zeitpunkt nachzuholen. Ein Durchgang dauert höchstens zehn Minuten. Jeder Brokat wird zweimal ausgeführt, entweder als Wiederholung oder mit dem geänderten Beginn nach links oder rechts.

Und noch etwas ganz Wichtiges. Die in einigen Brokaten sehr tiefen und breitbeinigen Stellungen sind kein Muß. Männer fühlen sich oft durch die damit verbundenen martialisch wirkenden Bewegungen emotional sehr angesprochen und sie brennen darauf, sie nachzumachen. Frauen dagegen könnten wegen der für sie etwas anstößigen Körperhaltung gehemmt sein. Tatsache ist, daß dieser tiefe Stand mit dem sanften, gesundheitlichen Wirken der Brokate nicht das Geringste zu tun hat. Betrachten Sie die tiefe Stellung entweder als sportliche Variante oder als psychische Herausforderung, der man sich stellen kann, aber nicht stellen muß. Im Grunde genommen reicht es vollkommen aus, wenn die Füße gegenüber der Grundposition etwas weiter auseinander stehen und die Knie dann mehr gebeugt werden als bei den anderen Brokaten.

## Einleitende Übung

Mit dieser einfachen Übung können Sie sich den ganzen Tag über immer wieder schnell und äußerst wirkungsvoll entspannen. Für mich ist die Übung, wenn Sie so wollen, zum neunten Brokat geworden, den ich aber nicht erst zum Schluß, sondern zu Beginn mache.

**18** Nehmen Sie die abgebildete Ausgangsstellung ein und schließen Sie, wenn Sie mögen, die Augen. Atmen Sie langsam ein und spüren Sie, wie der Atem durch Ihre Nase in den Brustraum strömt. Der Mund ist geschlossen, die Lippen sind nicht zusammengepreßt und die Zunge liegt entspannt hinter den oberen Schneidezähnen. Begleiten und lenken Sie Ihren Atem mit Ihren Gedanken hinunter zu Ihrem Meer der Energie. Ihr Bauch wölbt sich nach vorne und ihre Lungen werden bis in die äußersten Spitzen mit Luft gefüllt.
Wenn Sie ausatmen, spüren Sie wieder das Ausströmen Ihres Atems durch den Brustraum und die Nase, und begleiten und lenken Sie ihn auch jetzt wieder mit Ihren Gedanken.
Wenn Sie das Gefühl haben, daß sich Ihre Gedanken nicht für diese Übung interessieren, stören Sie sich

nicht daran, sondern bleiben Sie weiter entspannt stehen, bis die Phasen des Ein- und Ausatmens allmählich länger und ruhiger werden, bis Ihr Atem tief und gleichmäßig fließt.

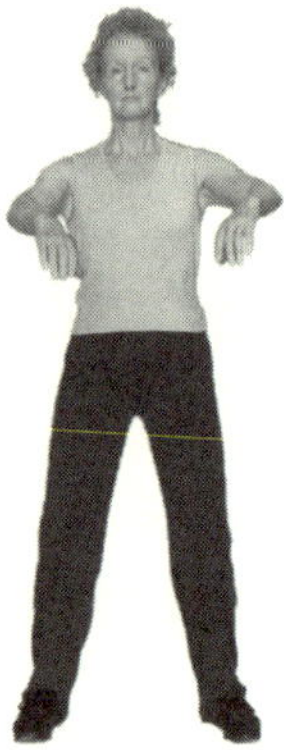

**19, 20, 21** Atmen Sie ein und heben Sie langsam die Hände bis in Schulterhöhe, ohne jedoch die Schultern mit hochzuziehen. Stellen Sie sich dabei vor, wie sich Ihr Bauch immer weiter zu einer riesigen Kugel nach vorne wölbt. Auf dieser Kugel ruhen entspannt Ihre Arme und Hände und sie werden sanft nach oben getragen. Spüren Sie in Gedanken mit Ihren Händen die Rundung der Kugel.
Atmen Sie aus. Streicheln Sie in Gedanken die riesige Kugel und ziehen Sie die Ellenbogen langsam zu Ihrem Körper zurück. Allmählich nimmt Ihr Bauch wieder seine ursprüngliche Größe ein, führen Sie Ihre Arme und Hände in die Ausgangposition zurück.

Wiederholen Sie die Übung, so oft und so lange Sie wollen.
Durch das gedankliche Begleiten Ihres Atems in Ihr Zentrum und von dort wieder zurück, sowie das gleichzeitige Heben und Senken der Hände, erleben Sie auf recht einfache Weise einen Zustand von geisti-

ger und körperlicher Harmonie und Entspannung.

Sie werden das in dem Augenblick spüren, wenn Sie nicht mehr feststellen können und vor allen Dingen nicht mehr feststellen wollen, ob das Heben der Hände durch das Einatmen oder das Einatmen durch das Heben der Hände geschieht. Das Eine bedingt das Andere, beide Vorgänge sind nicht mehr zu trennen und vermitteln Ihnen einen bis zu diesem Zeitpunkt unbekannten Zustand von körperlicher und geistiger Harmonie.

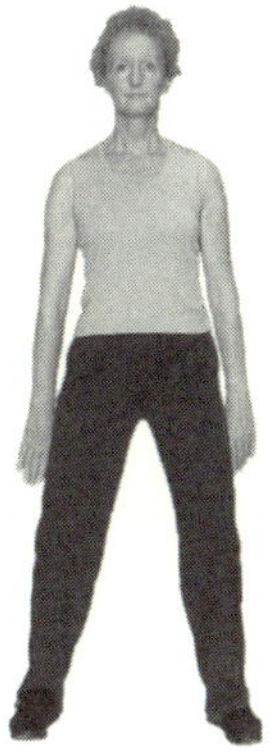

## 1. Brokat: Den Himmel mit beiden Händen stützen

**22** Nehmen Sie die abgebildete Ausgangsstellung ein, Sie kennen sie aus der einleitenden Übung. Knicken Sie wieder leicht in den Knien ein und halten Sie Ihren Rücken gerade. Achten Sie darauf, dass Sie Ihr Becken nicht nach vorne schieben und Ihren Po nicht nach hinten herausstrecken. Lassen Sie Ihre Arme ohne Anspannung an der Seite herunterhängen.

**23** Atmen Sie ein und falten Sie die Hände vor Ihrem Bauch mit den Handflächen nach oben. Heben Sie die gefalteten Hände in einer Kreisbewegung bis in Kinnhöhe, wobei die Handflächen Ihnen immer zugewandt sind.

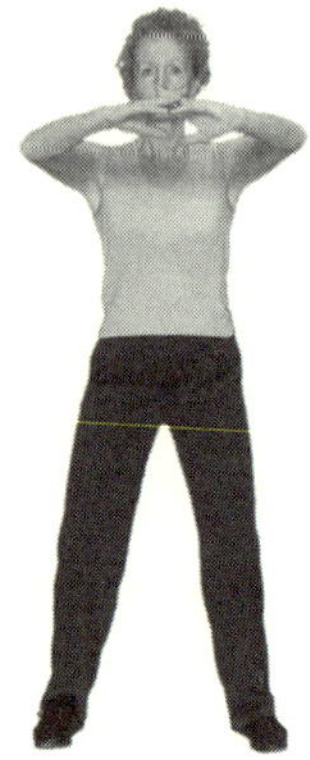

**24** Atmen Sie aus und senken Sie die immer noch gefalteten Hände wieder bis in Bauchhöhe. Während der Abwärtsbewegung zeigen die Handflächen nach unten.

**25** Atmen Sie ein und heben Sie die immer noch gefalteten Hände in einer kleinen Kreisbewegung bis über den Kopf. Während der Aufwärtsbewegung zeigen die Handflächen vom Körper weg und sind zum Schluß nach oben gerichtet.

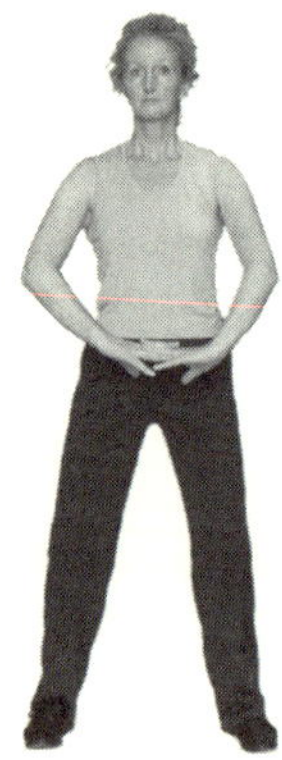

**26** Atmen Sie aus, lösen Sie die Finger und führen Sie die Arme in einer seitlichen Kreisbewegung nach unten.

Wiederholen Sie diesen Brokat.

## Worauf sollen Sie bei diesem Brokat achten?

Wenn Sie die einleitende Übung ausprobiert haben, dann kennen Sie schon das Gefühl, wenn sich Ihr Bauch beim Einatmen gleich einem Ballon aufbläht, Ihre Arme und Hän-

de sanft nach oben trägt, und wie er sich beim Ausatmen wieder zusammen zieht und Ihre Arme und Hände langsam nach unten sinken. Tatsächlich genügt allein die Vorstellung, daß die Arme ohne jegliche Anstrengung nach oben steigen.
Die Bewegung folgt dem Atem, das heißt, wenn Sie schneller atmen, müssen Sie auch den Brokat entsprechend schneller ausführen. Vermeiden Sie, die Bewegungen in Zeitlupe auszuführen, zwischendurch aber mehrmals Luft zu holen.
Sind Atmung und Bewegungen anfangs zu schnell, so ist das nicht tragisch. Wenn Sie regelmäßig üben, wird sich Ihr Tempo automatisch verlangsamen.

## Welche gesundheitliche Wirkung hat dieser Brokat?

Er stärkt Ihre inneren Organe, insbesondere die Lunge. Durch die weitausholenden Armbewegungen wird Ihre Lungenkapazität vergrößert, Sie nehmen mehr Sauerstoff auf, und dieser sorgt wiederum für eine bessere Gesamtdurchblutung aller Organe. Durch die Zwerchfellatmung werden Ihre Organe zusätzlich sanft massiert.
Diese Massage regt unter anderem die Verdauung an und normalisiert

sie. Infolge der verbesserten Verdauung und des verbesserten Stoffwechsels wird überflüssiges Fett aus dem Bauch abgebaut, mit einem Wort, dieser Brokat kann auf Dauer schlank machen.

Durch die ausgewogene und unverkrampfte Haltung des Rückens, wie übrigens bei allen anderen Brokaten auch, wird die Rücken- und Schultermuskulatur entspannt, chronische Schmerzen infolge von Verspannungen werden erträglicher oder verschwinden im Laufe der Zeit ganz.

Durch das erhöhte Sauerstoffangebot im Blut wird die Müdigkeit vertrieben, die sich zwangsläufig immer dann einstellt, wenn Sie sehr viel mit eingefallenem Brustkorb z.B. am Schreibtisch sitzen und deshalb nicht richtig durchatmen können.

## 2. Brokat: Den Bogen spannen und den Adler schießen

**27** Nehmen Sie die abgebildete Ausgangsstellung ein. Dazu stellen Sie die Füße so weit auseinander, daß Unter- und Oberschenkel in der Endposition fast im rechten Winkel zueinander stehen. Bemühen Sie sich, den Rücken gerade zu halten und nicht den Po nach hinten zu drücken. Lassen Sie anfangs die Arme locker vor sich nach unten hängen.

**28, 29** Atmen Sie ein und heben Sie die sich allmählich zu einer sanften Faust schließenden Hände bis in Brusthöhe, dabei nehmen Sie einen etwas höheren Stand ein. Die Knie sollen nicht durchgedrückt sein.

**30** Atmen Sie aus und bewegen Sie die linke Hand in Schulterhöhe nach links außen, wobei Sie mit Zeige- und Mittelfinger ein »V« formen, Daumen und Ringfinger berühren sich sanft. Sehen Sie der linken Hand nach und drehen Sie auch den Kopf nach links. Während dieses Vorganges bleibt die rechte Hand weiterhin halb geschlossen, der gebeugte Arm wird aber ein klein wenig nach rechts außen bewegt, so, als wenn Sie tatsächlich einen Bogen spannen würden. Während dieser Bewegung gehen Sie langsam wieder in die ganz tiefe Ausgangsstellung zurück, beide Ellenbogen bleiben in Schulterhöhe.

**31** Atmen Sie ein und führen Sie die linke Hand, die sich allmählich wieder zur lockeren Faust schließt, und die rechte, immer noch halb geschlossene Hand, vor den Körper in Brusthöhe zurück. Drehen Sie auch wieder den Kopf zur Mitte zurück. Nehmen Sie wieder den etwas höheren Stand ein und lassen Sie während der Bewegung nicht die Ellenbogen hängen.

Atmen Sie aus und senken Sie die sich allmählich öffnenden Hände und nehmen Sie wieder die tiefe Ausgangsstellung ein.

Wiederholen Sie diesen Brokat, und spannen Sie den Bogen auf der rechten Seite.

### Worauf sollen Sie bei diesem Brokat achten?

**32** Die mit diesem Brokat verbundene sehr tiefe Stellung ist nicht nur sehr ungewohnt, sondern sie kann auch in den Oberschenkeln schmerzen. Wählen Sie deshalb gegebe-

nenfalls einen weniger tiefen und weniger anstrengenden Stand.

## Welche gesundheitliche Wirkung hat dieser Brokat?

Er sorgt generell für eine bessere Durchblutung des gesamten Körpers. Er regt den ganzen Kreislauf an, beseitigt Schlafstörungen und erhöht die geistige Leistungsfähigkeit. Er kräftigt nicht nur die Muskulatur der Schultern und Arme, sondern auch die Bein- und Bauchmuskulatur.

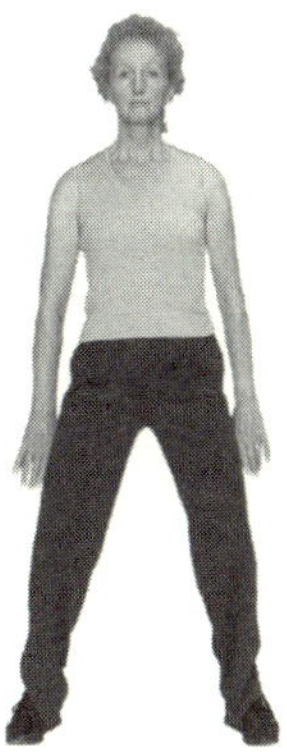

## 3. Brokat: Eine Hand heben

**33** Nehmen Sie die abgebildete Ausgangsstellung ein.

**34** Atmen Sie ein und heben Sie, mit den Handflächen nach oben, beide Hände in einer kleinen Kreisbewegung bis in Kopfhöhe.

**35** Atmen Sie aus und drehen Sie die Handflächen wieder nach unten. Senken Sie beide Hände bis in Brusthöhe.

**36** Atmen Sie ein und führen Sie von der Brusthöhe die rechte Hand mit der Handfläche nach unten neben den rechten Oberschenkel. Gleichzeitig führen Sie die linke Hand vor dem Körper in einer Kreisbewegung über den Kopf. Die Handfläche zeigt nach außen und in der Endposition nach oben.

**37** Atmen Sie aus und führen Sie die linke Hand in einem großen seitlichen Bogen neben den linken Oberschenkel.

Wiederholen Sie diesen Brokat, und heben Sie die rechte Hand.

### Worauf sollen Sie bei diesem Brokat achten?

Bei diesem Brokat sind die Bewegungen verschieden lang. Das bedeutet für Sie, daß Sie auch unterschiedlich lang aus- und einatmen müssen, ohne dabei das gleichmäßige Tempo zu vernachlässigen.

### Welche gesundheitliche Wirkung hat dieser Brokat?

Durch das abwechselnde Heben und Senken der Arme wird die seitliche Brust- und Rückenmuskulatur gedehnt und gekräftigt. Das verbessert nicht nur wieder die Atmung, sondern unterstützt die Funktion des Magens, des Darms und der Milz.

## 4. Brokat: Hinter sich blicken

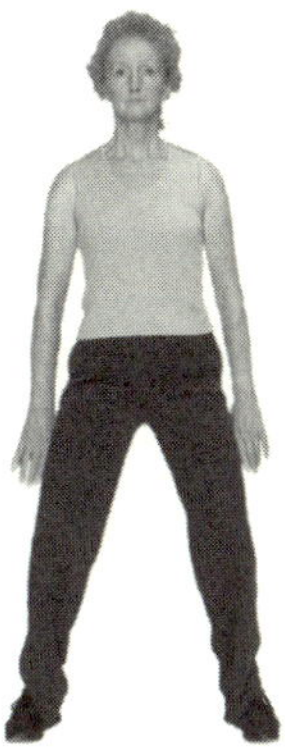

**38** Nehmen Sie die abgebildete Ausgangsstellung ein.

**39** Atmen Sie ein und heben Sie, mit den Handflächen nach oben, beide Hände in einer kleinen Kreisbewegung bis in Kopfhöhe.

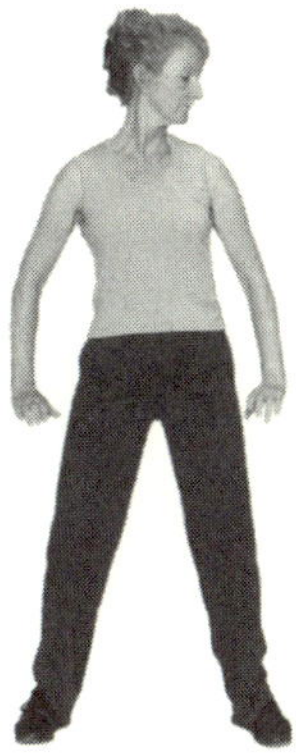

**40, 41** Atmen Sie aus, drehen Sie die Handflächen zum Boden, führen Sie beide Hände wieder nach unten, drehen Sie gleichzeitig den Kopf nach links und blicken Sie hinter sich.

**42** Atmen Sie ein und heben Sie, mit den Handflächen nach oben, beide Hände in einer kleinen Kreisbewegung bis in Kopfhöhe und drehen Sie gleichzeitig den Kopf zur Mitte.

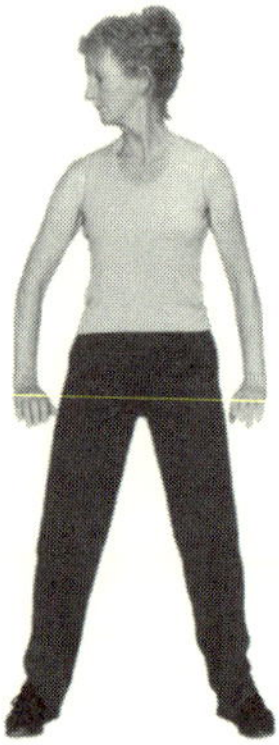

**43** Atmen Sie aus, drehen Sie die Handflächen zum Boden, führen Sie beide Hände wieder nach unten, drehen Sie gleichzeitig den Kopf nach rechts und blicken Sie hinter sich.

**44** Atmen Sie ein und heben Sie, mit den Handflächen nach oben, beide Hände in einer kleinen Kreisbewegung bis in Kopfhöhe und drehen Sie gleichzeitig den Kopf zur Mitte.

Atmen Sie aus, drehen Sie die Handflächen zum Boden, führen Sie beide Hände wieder nach unten und halten Sie den Kopf in der Mitte.

Wiederholen Sie den vierten Brokat, indem Sie zuerst auf der rechten Seite hinter sich blicken.

## Worauf sollen Sie bei diesem Brokat achten?

Drehen Sie immer den Kopf nur so weit zur Seite, bis Sie in der Hals- und Nackenmuskulatur eine erste leichte Anspannung spüren. Beim Einatmen lösen Sie genießerisch diese Spannung wieder auf.
Achten Sie auch darauf, daß Sie die Schultern bei der Drehung des Kopfes nicht mit drehen.

## Welche gesundheitliche Wirkung hat dieser Brokat?

Diese Übung kräftigt und stärkt die Hals-, Nacken- und Schultermuskulatur. Sie sorgt deshalb auch für eine bessere Durchblutung des Gehirns. Sie stärkt die inneren Organe und sorgt für eine Verbesserung des gesamten Hormonhaushalts.
Sehr schnell werden Sie diese Übung als äußerst wohltuend empfinden, wenn nach und nach etwa vorhandene Spannungen im Nacken- und Schulterbereich verschwinden.

## 5. Brokat: Den Oberkörper rollen

**45** Nehmen Sie die abgebildete Ausgangsstellung ein. Sie entspricht jener des zweiten Brokats. Die Hände ruhen auf den Oberschenkeln, die Finger zeigen nach vorn und die Daumen nach hinten. Beide Ellenbogen sind leicht gebeugt und nach außen gerichtet. Bemühen Sie sich, den Rücken gerade zu halten und den Po nicht herauszustrecken.

**46** Atmen Sie ein und drehen Sie den Oberkörper zusammen mit dem Kopf nach rechts. Neigen Sie sich leicht zur rechten Seite, indem Sie in der Leiste einknicken. Der Rücken bleibt gerade und der rechte Ellenbogen wird gebeugt.

**47, 48, 49** Atmen Sie aus, beugen Sie sich noch weiter nach vorne und kreisen Sie mit dem Oberkörper langsam nach links. Behalten Sie bei dem Wechsel von rechts nach links die tiefe Neigung des Oberkörpers bei und strecken Sie zur Entlastung des Rückens den Po weit nach hinten heraus.

**50** Atmen Sie ein, richten Sie den Oberkörper wieder etwas auf und ziehen Sie auch den Po wieder ein.

**51, 52** Atmen Sie aus, beugen Sie sich wieder weit nach vorne und kreisen Sie mit dem Oberkörper langsam zurück nach rechts. Behalten Sie bei dem Wechsel von links nach rechts die tiefe Neigung des Oberkörpers bei und strecken Sie zur Entlastung des Rückens wieder den Po weit nach hinten heraus.
Atmen Sie ein, richten Sie den Oberkörper wieder ganz auf und ziehen Sie auch den Po wieder ein. Sie stehen wieder in der Ausgangsstellung. Atmen Sie aus und behalten Sie die Stellung bei.

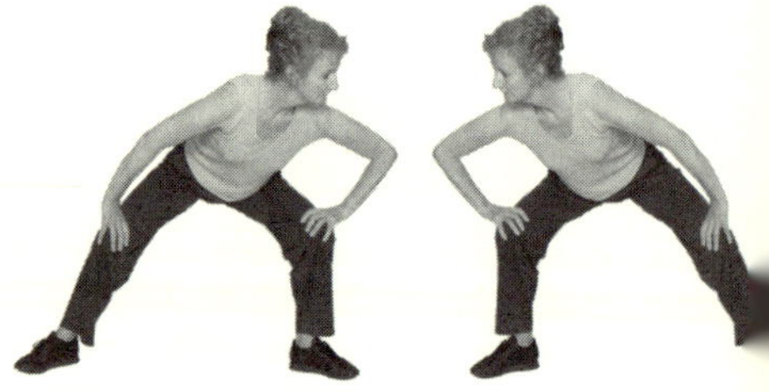

Wiederholen Sie diesen Brokat und rollen Sie den Oberkörper von links nach rechts.

## Worauf sollen Sie bei diesem Brokat achten?

Er ist wohl der anstrengendste Brokat und macht gerade Ungeübten vorerst sehr zu schaffen. Auch hier reicht es vollkommen aus, wenn Sie einen weniger tiefen und weniger anstrengenden Stand wählen. Steigern Sie sich langsam.
Lassen Sie tatsächlich Ihren Rumpf kreisen und schauen Sie nicht nur in die Richtung, in die Sie sich bewegen sollen.
Dies ist die einzige Brokat, der *zuerst* nach *rechts* und *dann* nach *links* ausgeführt wird.

## Welche gesundheitliche Wirkung hat dieser Brokat?

Diese Übung baut sehr schnell und sehr wirkungsvoll Streß ab. Sie löst Verspannungen im Bereich des Bekkens und stärkt ganz offensichtlich die Beinmuskulatur. Darüber hinaus reguliert sie das vegetative Nervensystem.

## 6. Brokat: Mit den Händen die Füße fassen

53 Nehmen Sie die abgebildete Ausgangsstellung ein. Die Füße stehen jetzt ein wenig enger zusammen, die Knie sind leicht gebeugt.

54, 55 Atmen Sie ein und führen Sie die Hände zuerst etwas nach hinten und dann mit einem kleinen Schwung in einer großen Kreisbewegung vor dem Körper nach oben, wobei Sie die Knie und Ellenbogen allmählich durchdrücken. Die Handflächen zeigen immer nach außen und zum Ende der Bewegung nach oben. Sehen Sie Ihren Händen nach und drehen Sie auch den Kopf nach oben. Machen Sie sich ganz lang, und strecken Sie sich genußvoll.

56 Atmen Sie aus und beugen Sie sich, indem Sie in der Leiste einknicken, nach vorn. Blicken Sie Ihren Händen nach und drehen Sie auch den Kopf mit. Fassen Sie mit beiden Händen Ihre Füße.

57 Atmen Sie ein, beugen Sie leicht die Knie und machen Sie den Rücken rund. Die Arme und der Kopf hängen locker nach vorn. Richten Sie sich langsam Wirbel für Wirbel wieder auf. Zum Ende des Aufrichtens

spüren Sie, wie die Arme, die Schultern und der Kopf ganz schwer werden.

Atmen Sie aus, richten Sie sich ganz auf und wiederholen Sie diesen Brokat.

### Worauf sollen Sie bei diesem Brokat achten?

Versuchen Sie so weit wie möglich mit den Händen nach unten zu kommen.
Auch bei dieser Übung werden Sie als Folge des regelmäßigen Übens mit Ihren Händen immer tiefer nach unten kommen.

### Welche gesundheitliche Wirkung hat dieser Brokat?

Diese Übung stärkt nicht nur die Beine, sondern sie kräftigt und entkrampft auch die Rückenmuskulatur. Sie verbessert insbesondere die Nieren- und Magenfunktion. Als Folge des verbesserten Stoffwechsels wirkt sie verdauungsfördernd.
Durchblutungsstörungen in Händen und Füßen werden gelindert oder verschwinden ganz. Auch bei zu niedrigem Blutdruck verspricht sie Erleichterung.

## 7. Brokat: Die Fäuste ballen

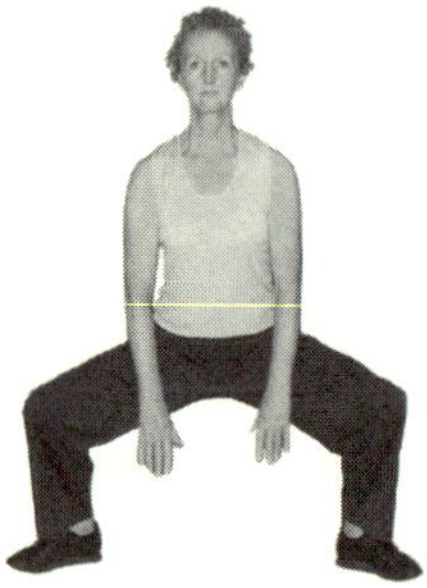

**58** Nehmen Sie die abgebildete Ausgangsstellung ein. Es handelt sich wieder um die besonders tiefe Ausgangsposition wie beim zweiten und fünften Brokat. Lassen Sie die Hände locker vor sich nach unten hängen. Bemühen Sie sich, den Rücken gerade zu halten und nicht den Po nach hinten zu strecken.

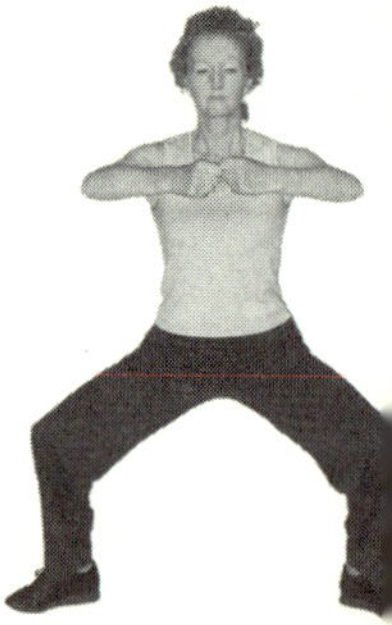

**59, 60** Atmen Sie ein und ballen Sie die Hände allmählich zu einer lockeren Faust, also nicht die Finger zusammendrücken, und heben Sie die Fäuste bis in Brusthöhe an. Dabei nehmen Sie einen etwas erhöhten Stand ein.

**61** Atmen Sie aus und boxen Sie schräg links nach vorn, drücken Sie nicht den Ellenbogen durch und sehen Sie der Faust nach, indem Sie auch den Kopf in Richtung der linken Faust drehen. Die Position der rechten Faust bleibt unverändert. Bei dieser Bewegung nehmen Sie wieder die ganz tiefe Stellung ein.

**62** Atmen Sie ein und führen Sie zuerst die linke Faust zur Mitte zurück, richten Sie den Kopf wieder gerade und blicken Sie geradeaus; führen Sie dann beide Fäuste in einer

Kreisbewegung über den Kopf. Richten Sie sich während der gesamten Einatmungsphase wieder etwas auf.

63 Öffnen Sie die Hände und atmen Sie aus. Führen Sie die Hände in einem großen Bogen seitwärts zur Ausgangsposition zurück und nehmen Sie wieder die sehr tiefe Ausgangsstellung ein.

Wiederholen Sie diesen Brokat und boxen Sie mit der rechten Faust schräg nach vorn.

## Worauf sollen Sie bei diesem Brokat achten?

Auch hier sollten Sie wieder versuchen, sich erst im Laufe der Zeit an eine tiefere Stellung heranzutasten. Vergessen Sie nicht, daß die acht Brokate auch ohne den sehr tiefen Stand wirken.
Von der Entwicklung her ist dieser Brokat besonders interessant, denn es handelt sich hier tatsächlich um eine Technik aus dem Kampfsport. Im asiatischen Kulturkreis gab es nicht diese wie bei uns übliche Trennung zwischen gesundheitlicher Vorsorge auf der einen und Kampfsport auf der anderen Seite. Beides war untrennbar miteinander verbunden, und jemand, der sich in den Kampf-

künsten entwickelte, stärkte immer auch seine körperliche und geistige Gesundheit.

### Welche gesundheitliche Wirkung hat dieser Brokat?

Diese Übung erhöht generell Ihre Lebenskraft und damit Ihre Lebensfreude. Sie löst Verspannungen im gesamten Körper und stärkt die Nacken- und Rückenmuskulatur.

### 8. Brokat: Den Rücken schütteln

**64** Nehmen Sie die abgebildete Ausgangsstellung ein. Die Knie sind nicht gebeugt, die Handflächen sind nach unten gerichtet und befinden sich neben den Oberschenkeln.

**65** Atmen Sie ein und verlagern Sie das Gewicht auf die Fußspitzen. Heben Sie langsam die Fersen immer höher an, und kneifen Sie die Pobacken fest zusammen.

Atmen Sie aus und lassen Sie sich ruckartig auf die Fersen plumpsen, wobei Sie sich ganz entspannen. Die Haltung der Arme und Hände, sowie die Position des Oberkörpers bleiben während dieser Übung unverändert. Wiederholen Sie diesen Brokat.

## Worauf sollen Sie bei diesem Brokat achten?

Diese Übung ist sehr einfach. Sollten Sie allerdings Probleme mit der Wirbelsäule oder den Bandscheiben haben, dann verzichten Sie auf das ruckartige Plumpsen. Achten Sie in diesem Fall auf einen weichen Untergrund und deuten Sie den Plumps sanft an.
Wenn Sie das Gewicht auf die Fußspitzen verlagert haben und sich aufrichten, schieben Sie etwas das Becken nach vorne, um besser das Gleichgewicht halten zu können.

## Welche gesundheitliche Wirkung hat dieser Brokat?

Das plötzliche Fallenlassen auf die Fersen versetzt den gesamten Körper in mehr oder weniger leichte Schwingungen. Dabei werden noch einmal alle Körperregionen sanft massiert und der Kreislauf angeregt. Darüber hinaus lösen sich Ablagerungen, die sich zwischen den einzelnen Organen gebildet haben.

# Die Beatmung der Energiekreisläufe

Alles, was ich über das sanfte Wirken der acht Brokate gesagt habe, gilt natürlich ohne Einschränkung auch für die Beatmung der Energiekreisläufe. Aber bei diesen Übungen sind Sie doch schon etwas mehr gefordert, denn sie funktionieren ausschließlich mit dem, was wir unter Phantasie, Imagination, Visualisierung oder Vorstellungskraft verstehen. Jetzt hängt der ganze Erfolg der Übungen tatsächlich nur davon ab, was Sie sich beim Atmen vorstellen. Am besten helfen Ihnen so genannte »Gedankenbilder«, mit denen Sie den Atemfluß auf der Haut spüren können, und zwar nicht nur irgendwo, sondern auf ganz bestimmten Linien, nämlich den Meridianen.

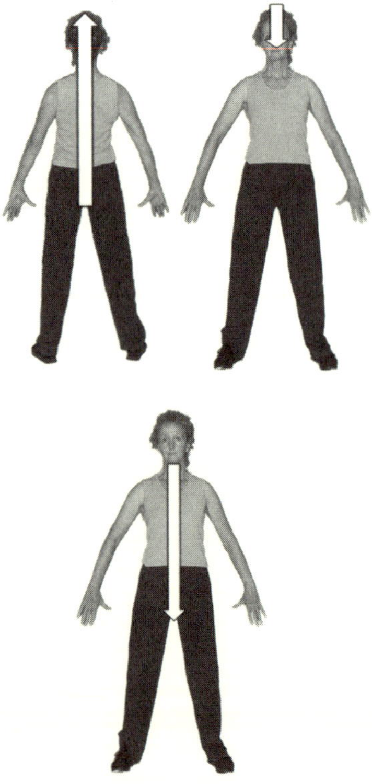

**66–69** Sehen Sie sich bitte die Abbildungen vom kleinen (diese Seite) und vom großen Kreislauf (gegenüberliegende Seite) an.

Ich habe bewußt auf die detaillierte Darstellung und Beschreibung der einzelnen Meridiane verzichtet, weil nur das großflächige Atmen wichtig ist. Wenn Sie den Atem genau so über Ihren Körper lenken können

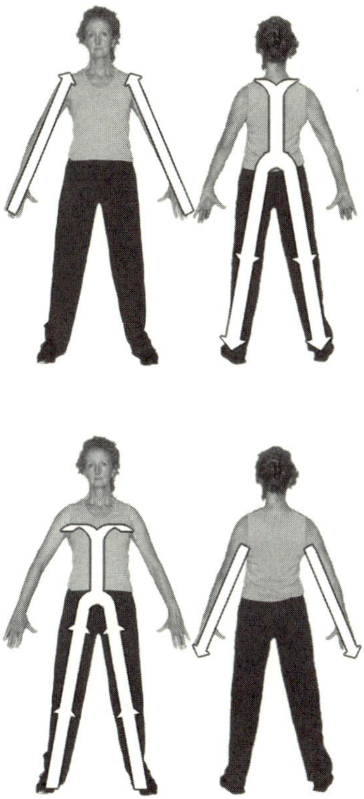

wie die dicken Pfeile verlaufen, dann versorgen Sie sich optimal mit der universellen Lebensenergie.
Damit Sie einen Eindruck davon haben, was es mit den Gedankenbildern auf sich hat, stellen Sie sich doch einmal plastisch vor, wie Ihnen jemand mit roter, klebriger Lackfarbe die Pfeile auf die Haut malt. Oder er benutzt dazu einen großen Eisblock. Ich weiß sehr wohl, daß diese beiden Vorstellungen etwas unangenehm sind, aber wenn Sie einen lieben Partner haben und mit diesem vielleicht auch noch zusammen üben, dann bitten Sie ihn, mit einem Finger oder auch mit der ganzen Hand die Linien auf Ihrer Haut nachzuzeichnen. Wichtig ist mir zu zeigen, daß oft schon das lebhafte Denken an eine der dargestellten Vergleiche ausreicht, um sich auf Dauer die Bahnen einzuprägen und sich an sie zu erinnern. Eine ganz andere, meines Erachtens noch schönere Variante für eine Imagination, werde ich Ihnen bei den atmenden Händen und der Energiedusche vorstellen.
Wenn Sie jetzt immer noch skeptisch sind, dann lassen Sie sich doch von dem Wissen der alten Taiji-Meister überzeugen, die sagten: *Die Energie folgt dem Geist*. Das bedeutet nichts anderes, als daß der Atem, das Qi

oder die Lebensenergie genau auf den Bahnen bewegt wird, die Sie denken. Sie bewegen allein mit Ihren Gedanken das Qi auf und in Ihrem Körper.

Obwohl Sie bei den Übungen komplett auf alle, den Atem begleitende Bewegungen verzichten können, hat es sich doch in der Praxis bewährt, wenn Sie zumindest in der Lernphase welche machen. Und zwar aus folgendem Grund, Sie verstärken damit nicht nur die Konzentration auf die Atmung, sondern auch für den Weg, den die Energie nehmen soll.

Und vielleicht noch ein Wort zur Beschreibung und zur Ausführung. Auch für diese Übungen habe ich, wie schon bei den Brokaten, bei identischen Abläufen die gleichen Sätze verwendet, weil sie sich so bedeutend besser einprägen. Hinsichtlich der Ausführung kann es durchaus sein, daß Sie in der Literatur bei ähnlichen Übungen aufgefordert werden, den Atem genau auf den Meridianen zu bewegen. Das kann man natürlich auch, macht aber bei der Beatmung der Energiekreisläufe, wo es mir auf ein Gesamterlebnis ankommt, schon deshalb keinen Sinn, weil Sie, wenn tatsächlich alles fließt, weder die einzelnen Meridiane noch die Anfangs- und

Endpunkte unterscheiden können. Sie werden selbst erleben, wie breit der Energiestrom sein wird, wenn er über die einzelnen Punkte und Bahnen hinwegrauschen wird. Natürlich gibt es Experten, die nach jahrelangem Training nicht nur die Meridiane, sondern auch noch jeden einzelnen Akupunkturpunkt beatmen können. Das ist aber an dieser Stelle nicht gewollt.

## Der kleine Kreislauf

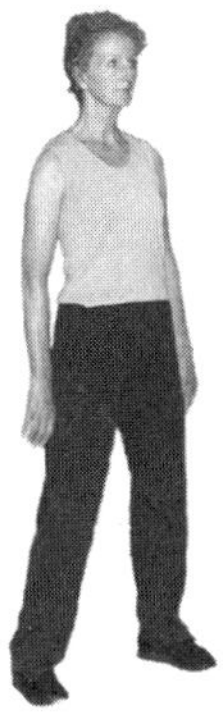

**70** Nehmen Sie die abgebildete Ausgangsstellung ein und schließen Sie, wenn Sie mögen, die Augen.
Atmen Sie langsam ein und spüren Sie, wie der Atem durch Ihre Nase in den Brustraum strömt. Der Mund ist geschlossen, die Lippen nicht zusammengepreßt und die Zunge liegt entspannt hinter den oberen Schneidezähnen. Begleiten und lenken Sie Ihren Atem bis zum Meer der Energie. Ihr Bauch wölbt sich nach vorne und ihre Lungen füllen sich bis in die äußersten Spitzen mit Luft.
Wenn Sie ausatmen, spüren Sie wieder das Ausströmen Ihres Atems durch den Brustraum und die Nase, und begleiten und lenken Sie ihn auch jetzt wieder mit Ihren Gedanken.

**71** Atmen Sie ein und heben Sie langsam die Hände bis in Schulterhöhe. Stellen Sie sich wieder vor, wie sich Ihr Bauch zu einer riesigen Kugel nach vorne wölbt. Auf dieser Kugel ruhen entspannt Ihre Arme und Hände und sie werden sanft nach oben getragen. Spüren Sie in Gedanken mit Ihren Händen die Rundung der Kugel.

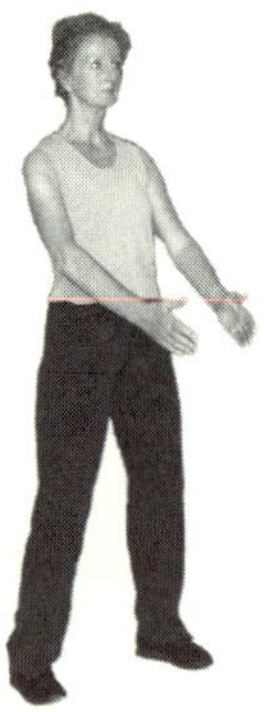

**72** Atmen Sie aus und drehen Sie die Handflächen wie auf der Abbildung zu einander und führen die Hände zusammen, ohne daß sie sich berühren. Senken Sie ein wenig die Arme und Hände. Die Fingerspitzen zeigen schräg nach unten.

**73** Wenn Sie einatmen, setzen Sie Ihren Atem in der Mitte zwischen After und Geschlechtsteil auf. Von dort lassen Sie ihn an der Wirbelsäule nach oben steigen, zwischen beide Schulterblätter, den Nacken hinauf, genau in der Mitte über den Kopf, weiter über die Stirnmitte, die Nasenwurzel bis zur Nasenspitze, dann zum Oberkiefer, und dort genau zwischen die beiden oberen Schneidezähne (s.a. Bild 66). Während des Einatmens heben Sie etwas Ihre Arme und Hände, die Fingerspitzen zeigen zum Schluß schräg nach oben.

Wenn Sie ausatmen, setzen Sie Ihren Atem in der Mitte direkt unter der Unterlippe auf. Von dort lassen Sie ihn über das Kinn, den Hals, das Brustbein, den Bauch, den Unterleib bis zu dem Punkt zwischen After und Geschlechtsorgan nach unten wandern (s.a. Bild 67). Senken Sie während des Ausatmens wieder Ihre Arme und Hände, die Fingerspitzen zeigen wieder schräg nach unten.

Wiederholen Sie diese Übung so oft Sie wollen.

### Worauf sollen Sie achten?

Heben und senken Sie zumindest anfangs beim Ein- und Ausatmen Ihre Hände in der dargestellten Form. Sie verstärken, und das wurde mir immer wieder bestätigt, damit das tiefe Gefühl für die Atmung und für den mittigen Verlauf des kleinen Kreislaufs, der ja genau auf der vertikalen Schnittlinie unseres Körpers verläuft.

### Welche Wirkung hat diese Übung?

Spätestens beim großen Kreislauf beatmen Sie alle Meridiane. Aber schon jetzt werden Sie den Verlauf der Energie auf der Haut als sehr breit empfinden, weil der kleine Kreislauf automatisch auch einige Punkte anderer Meridiane berührt. Wenn Sie sich diesen Energiestrom sogar kopf- oder schulterbreit vorstellen, dann berührt er die Punkte von nahezu allen Meridianen, und das Atemerlebnis ist fast so wie beim großen Kreislauf.

## Der große Kreislauf

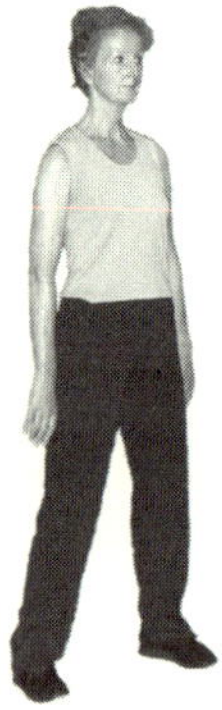

**74** Nehmen Sie die abgebildete Ausgangsstellung ein und schließen Sie, wenn Sie mögen, wieder die Augen. Atmen Sie langsam ein und spüren Sie, wie der Atem durch Ihre Nase in den Brustraum strömt. Der Mund ist geschlossen, die Lippen nicht zusammengepreßt und die Zunge liegt entspannt hinter den oberen Schneidezähnen. Begleiten und lenken Sie Ihren Atem bis zum Meer der Energie. Ihr Bauch wölbt sich nach vorne und ihre Lungen füllen sich bis in die äußersten Spitzen mit Luft.
Wenn Sie ausatmen, spüren Sie wieder das Ausströmen Ihres Atems durch den Brustraum und die Nase, und begleiten und lenken Sie ihn auch jetzt wieder mit Ihren Gedanken.

**75** Atmen Sie ein und heben Sie langsam die Hände bis in Schulterhöhe.
Stellen Sie sich wieder vor, wie sich Ihr Bauch zu einer riesigen Kugel nach vorne wölbt. Auf dieser Kugel ruhen entspannt Ihre Arme und Hände und sie werden sanft nach oben getragen. Spüren Sie in Gedanken mit Ihren Händen die Rundung der Kugel.
Atmen Sie aus und obwohl jetzt die imaginäre Kugel, auf der Sie Ihre Arme und Hände abgelegt hatten, nicht mehr da ist, schweben trotzdem Ihre Arme und Hände weiterhin schwerelos in Schulterhöhe.
Wenn Sie einatmen, lassen Sie Ihren Atem von den Fingerspitzen über die Oberseiten aller Finger, über beide Handrücken, über die Außenseite beider Unter- und Oberarme in zwei Linien direkt zu Ihren Schultern wandern. Vereinigen Sie beide Atemlinien zwischen den Schulterblättern und führen Sie den Atem den Rücken hinunter bis zum Beginn der Pofalte. Dort trennen Sie wieder den Atem in zwei Ströme, führen ihn über die Pobacken, über die Rückseiten der Oberschenkel, die Kniekehlen, über die Wadenmitte hinunter, weiter hinter die äußeren Knöchel, an den Außenseiten der Fußrücken entlang bis zu den Zehenspitzen (s.a. Bild 68).

Wenn Sie ausatmen, lassen Sie Ihren Atem von den Zehenspitzen aus über die Fußrücken, die Fußgelenke, die Schienbeine, die Knie, die Vorderseiten der Oberschenkel in zwei Linien bis zu den Leistenbeugen wandern. Vereinigen Sie beide Atemströme etwa in Höhe Ihres Energiezentrums und führen Sie den Atem über Ihren Bauch nach oben bis etwa in Höhe der Brustwarzen. Trennen Sie den Atem wieder in zwei Ströme und lenken ihn über die Beugeseiten der Ober- und Unterarme, die Innenseiten der Handgelenke, über die Hände und den Unterseiten der Finger bis in die Fingerspitzen (s.a. Bild 69 auf Seite 57).

Wiederholen Sie diese Übung so oft Sie mögen.

### Worauf sollen Sie achten?

Stehen Sie beim Üben nicht wie zur Salzsäule erstarrt, sondern versuchen Sie, dem auf der Haut wandernden Energiestrom durch ganz leichte Arm- und Körperbewegungen auf den richtigen Weg zu helfen. Erleben Sie die Energie wie einen sanften Lufthauch auf der Haut und geben Sie dieser Empfindung auch eine ganz sanfte Bewegung.

Anders als bei den acht Brokaten haben Sie bei der Beatmung der Energiekreisläufe sehr viele Möglichkeiten, den Übungsablauf selbst zu gestalten. Den kleinen Kreislauf können Sie zum Beispiel in umgekehrter Reihenfolge atmen, also vorne ein- und hinten ausatmen. Oder den großen Kreislauf können Sie an den Füßen beginnen und enden lassen, also an den Füßen ein- und wieder ausatmen. Oder Sie beatmen nur die linke oder nur die rechte Körperseite, oder Sie wechseln von der linken auf die rechte Seite, Sie können im Grunde genommen mit den Übungen machen was Sie wollen, wenn Sie die richtigen Bilder im Kopf haben.

### Welche Wirkung hat diese Übung?

Jetzt beatmen Sie tatsächlich alle Meridiane und Sie versorgen Ihren gesamten Organismus mit der universellen Lebensenergie. Sie werden sehr schnell spüren, wie das Qi wohltuend Ihren ganzen Körper durchströmt, wie es Sie ruhig und ausgeglichen werden läßt und wie Ihre Lebensfreude wächst. Selbst vor großen Aufgaben bleiben Sie gelassen und verlieren nicht die Übersicht, weil Sie genau wissen, was Sie sich zutrauen können. Sie haben wieder Kontakt zu Ihrem Körper und Ihrer Seele gefunden und Sie verstehen ihre Signale. Sie gehen liebevoll mit sich selbst um, Sie ruhen in sich und manchmal, wenn Körper und Geist vollkommen entspannt sind, erleben Sie vielleicht so etwas wie eine meditative Stimmung, meditative Augenblicke.

## Weitere Atemspiele

Die Atemtechniken, die ich Ihnen jetzt vorstellen möchte, sind im Grunde genommen Variationen von dem, was Sie bisher kennen gelernt haben. Auch mit diesen Übungen versorgen Sie sich mit der universellen Energie, die alles durchströmt und umgibt. Lassen Sie den langen Atem auf und in sich wirken und Sie erfahren, daß Sie ein Teil dieser Energie sind.
Um Ihnen bei der Imagination eines Energieballes zu helfen, ist er auf einigen Fotos mit abgebildet.

### Die atmenden Hände

**76** Nehmen Sie die abgebildete Ausgangsstellung ein und schließen Sie, wenn Sie mögen, wieder sanft die Augen.

Atmen Sie langsam ein und spüren Sie, wie der Atem durch Ihre Nase in den Brustraum strömt. Der Mund ist geschlossen, die Lippen nicht zusammengepreßt und die Zunge liegt entspannt hinter den oberen Schneidezähnen. Begleiten und lenken Sie Ihren Atem bis zum Meer der Energie. Ihr Bauch wölbt sich nach vorne und ihre Lungen füllen sich bis in die äußersten Spitzen mit Luft.

Wenn Sie ausatmen, spüren Sie wieder das Ausströmen Ihres Atems durch den Brustraum und die Nase, und begleiten und lenken Sie ihn auch jetzt wieder mit Ihren Gedanken.

**77** Atmen Sie ein und heben Sie beide Hände so weit hoch, bis die Ellenbogen etwa im rechten Winkel gebeugt sind. Die Handflächen zeigen zueinander, berühren sich aber nicht.

Hände und Finger sind ohne jegliche Anspannung, sie sind nicht krampfhaft gestreckt und auch nicht gekrümmt. Konzentrieren Sie sich nur auf die Handflächen und atmen Sie in dieser Stellung mehrmals ein und aus.

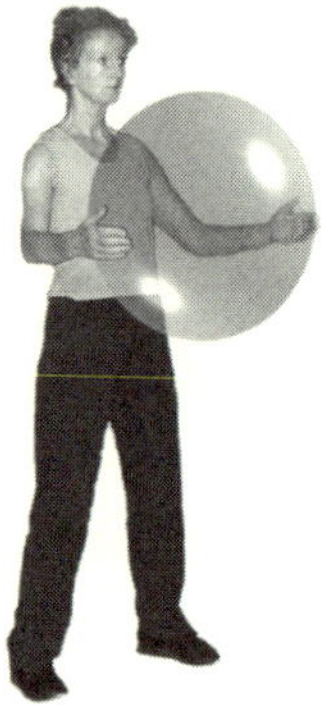

**78** Atmen Sie ein und bewegen Sie die Arme etwas auseinander. Stellen Sie sich vor, wie zwischen Ihren Händen ein kleiner, formbarer Ball aus reiner Energie entsteht.
Atmen Sie aus und führen Sie die Hände wieder in die Ausgangsposition zurück, so, als wenn Sie den kleinen Energieball zusammendrücken wollten.

Wiederholen Sie diese Übung so lange Sie wollen. Sie werden feststellen, daß Ihre Empfindungen mit jeder Wiederholung immer stärker werden.

## Worauf sollen Sie achten?

Es ist wichtig, daß Sie immer die Hände von einander wegbewegen wenn Sie einatmen und sie wieder zusammenführen, wenn Sie ausatmen. Atmung und Bewegung gehören zusammen.

## Welche Wirkung hat diese Übung?

Mit der richtigen Vorstellung und natürlich etwas Übung verstärken Sie den Berührungseindruck an den Händen. Dann werden Sie beim Einatmen glauben, daß die Hände am Ball festkleben, und beim Ausatmen

werden Sie den Widerstand spüren, wenn Sie ihn zusammendrücken wollen. Mit zunehmender Übung wird der Ball zwischen Ihren Händen immer größer. Dann entfernen sich die Hände beim Einatmen immer weiter von einander und lassen sich beim Ausatmen auch nicht mehr zusammenführen.
Obwohl Sie unverändert in Ihr Meer der Energie geatmet haben, glauben Sie, daß es die Hände sind, durch die Sie ein- und ausatmen. Sie spüren zwischen Ihren Händen den Atem als Energie, Sie haben sie dorthin gelenkt, halten sie fest, ja Sie spielen mit ihr, indem Sie die Größe des Balles verändern können. Ihre Hände werden ganz warm, sie sind voller Energie und sie fühlen sich so an, als wenn Sie dicke, gefütterte Handschuhe tragen würden.

## Die Energiedusche

**79** Nehmen Sie die abgebildete Ausgangsstellung ein und schließen Sie, wenn Sie mögen, wieder die Augen. Atmen Sie langsam ein und spüren Sie, wie der Atem durch Ihre Nase in den Brustraum strömt. Der Mund ist geschlossen, die Lippen nicht zusammengepreßt und die Zunge liegt entspannt hinter den oberen Schnei-

dezähnen. Begleiten und lenken Sie Ihren Atem bis zum Meer der Energie. Ihr Bauch wölbt sich nach vorne und ihre Lungen füllen sich bis in die äußersten Spitzen mit Luft.
Wenn Sie ausatmen, spüren Sie wieder das Ausströmen Ihres Atems durch den Brustraum und die Nase, und begleiten und lenken Sie ihn auch jetzt wieder mit Ihren Gedanken.

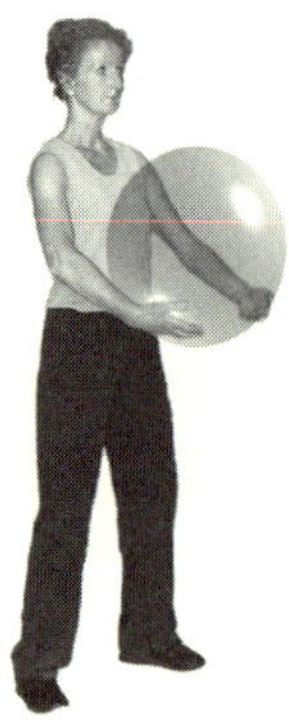

**80** Atmen Sie ein und drehen Sie die Handflächen nach oben. Stellen Sie sich dabei vor, wie Sie mit Ihren Händen die Energie gleichsam aus der Erde schöpfen und zwischen Ihren Händen ein Energieball entsteht.

**81, 82** Heben Sie die Hände noch höher und setzten Sie für einen kurzen Augenblick den Energieball auf Ihrem Kopf ab. Spüren Sie die Berührung.
Tauchen Sie zuerst mit dem Kopf und dann mit den Schultern in den Energieball ein. Nehmen Sie das Hineingleiten in die Energie auf der Haut wahr.

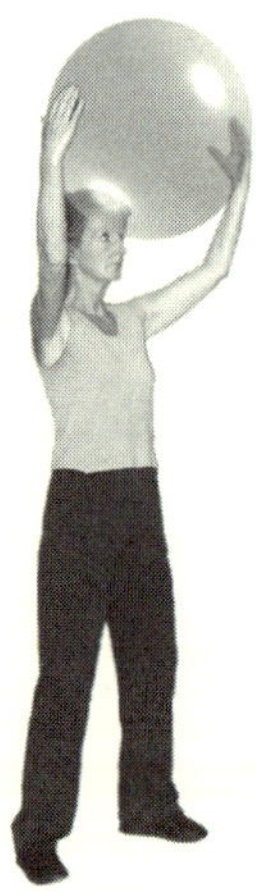

**83, 84** Atmen Sie aus, drehen Sie die Handflächen nach unten und bewegen Sie auch die Hände nach unten. Bemerken Sie an Armen und Händen, wie auch diese von dem immer größer werdenden Energieball aufgenommen werden.
Sie spüren die Berührung auf dem Rücken, auf der Brust, auf dem Bauch, dem Po und dann an den Ober- und Unterschenkeln und zuletzt an den Füßen, bis Sie in einem Ball aus purer Energie stehen.

Wiederholen Sie die Übung so oft Sie wollen.

## Worauf sollen Sie achten?

Der Name der Übung läßt keinen Zweifel darüber aufkommen, um was es hier geht. Man duscht sich, um das Äußere des Körpers zu reinigen und läßt dabei das Wasser vom Kopf bis zu den Füßen fließen. Genau diese Vorstellung soll dabei helfen, verbrauchte Energie aus dem Körperinneren zu spülen, um das Innere zu reinigen und die Gesundheit zu stärken.

## Welche Wirkung hat diese Übung?

Mit dem Bild des Duschens nimmt man das Qi über den obersten Scheitelpunkt des Kopfes in den Körper auf und scheidet verbrauchtes Qi über die Fußsohlen aus dem Körper wieder aus.

Auch jetzt verstärken natürlich die richtige Vorstellung und das regelmäßige Üben den Berührungseindruck. Dann spüren Sie nicht nur den Energiefluß von oben nach unten, sondern überall, also an allen Stellen des Körpers und in alle Richtungen. Spätestens dann werden Sie das, was ich als ganzheitliches Erlebnis bezeichnet habe, genießen, denn Körper und Geist sind gleichermaßen einbezogen.

## Schlussbemerkung Qigong

Die achte Brokate sind nur ein Beispiel für zusammenhängende Übungsfolgen aus dem Qigong. Zu dieser Gruppe gehören auch die Formen des tanzende Kranichs und des schwimmenden Drachen. Bei der Beatmung der Energiekreisläufe, den atmenden Händen und der Energiedusche handelt es sich um einige Einzelübungen, deren Gesamtzahl keiner mehr genau beziffern kann. Es gibt einfach zu viele davon.

Wenn Sie sich bei den hier dargestellten Techniken vollkommen sicher fühlen, dann sollten Sie zumindest einmal einige Varianten ausprobieren. So harmoniert die vorbereitende Übung der acht Brokate sehr gut mit der Beatmung entweder des großen oder des kleinen Kreislaufs, aber auch mit der Energiedusche werden Sie zurecht kommen. Im Grunde genommen können Sie alle Brokate mit beiden Kreisläufen und der Dusche kombinieren. Beim fünften Brokat würde ich keine Experimente machen, sondern nur auf eine tiefe Atmung in das Meer der Energie achten.

Die atmenden Hände und die Energiedusche sind zunächst noch Einzelübungen. Gleichwohl läßt sich aber das Prinzip dieser Imagination sehr schön auf Taiji übertragen, wo die Bewegung in und mit Energiekugeln das Gesamterlebnis äußerst positiv beeinflussen kann.

# Hsing I

Mag beim Qigong über die Zugehörigkeit zu den sanften Künsten durchaus noch diskutiert werden können, so erübrigt sich das, auch für einen Laien leicht erkennbar, beim Hsing I. Zu stark ist hier einfach der kämpferische Eindruck. Und dennoch erscheinen einem Betrachter die Bewegungen fremd und nicht mit dem vergleichbar, was wir uns so landläufig unter Kampf vorstellen.

Aber werfen wir kurz einen Blick auf das Umfeld, in dem solche faszinierenden Bewegungsformen entstehen konnten.

Auch im alten China hatten, wie in vielen anderen Kulturen auch, Sammler- und Jägergemeinschaften die größten Überlebenschancen. Ackerbau und Viehzucht waren zu dieser Zeit nahezu unbekannt. Da man vollkommen von den Geschehnissen der Umwelt abhängig war, entwickelte sich eine tiefe Vertrautheit mit der Natur. Ihr genaues Beobachten und das Erkennen kleinster Veränderungen waren oft die einzigen Garanten für das Überleben einer Gruppe. Das Leben mit und in der Natur und die totale Abhängigkeit von ihr hatten zur Folge, daß in allen Naturereignissen, ja in dem gesamten Lebensraum, der für den täglichen Bedarf in Form von Nahrung, Kleidung und Waffen zur Verfügung stand, Wesen gesehen wurden, die eben nicht nur aus Materie bestanden, sondern auch eine Seele besaßen. Insoweit gab es sicher keine großen Unterschiede zu anderen Kulturkreisen.

Und doch war es gerade in China, wo diese besonders enge Bindung zur Natur auf der einen und das Erkennen der eigenen Stellung darin auf der anderen Seite zum

Taoismus führte. Und mehr als irgendwo anders verstanden sich hier die Menschen mit allen ihren Sinnen und Gedanken als Teil der Schöpfung.
Was lag also näher, als sich von der Natur bei der Entwicklung neuer Kampftechniken inspirieren zu lassen. Die wichtigste Erkenntnis dabei war, daß das Weiche auf Dauer das Harte überwindet und das Schwache dem Starken immer überlegen sein wird. Die unvergleichliche Nachgiebigkeit und die auf Dauer wirkende Härte des Wassers, die Ruhe eines Berges, Bambus, der sich wieder aufrichtet wenn der Schnee von den Blättern gleitet, sich im Wind wiegende Gräser oder die Leichtigkeit eines fliegenden Kranichs, das alles sind Bilder, die in vielfältigen Variationen immer wieder bei den sanften Künsten auftauchen. Und es gibt unendlich viele überlieferte Geschichten, in denen Kaiser und Fürsten, Nonnen und Mönche, Bauern und Bettler kämpfende Tiere beobachtet und daraus höchst wirksame Angriffs- und Verteidigungstechniken entwickelt haben.
In dem Augenblick, in dem er die sanften Künsten praktiziert, läßt der Ausübende das Universum wieder neu entstehen, und er ist, zwischen Himmel und Erde stehend, Teil der Schöpfung und ist mit sich und seiner Umgebung in Harmonie.

## Die zwölf Tiere

An das alles sollte man sich erinnern, wenn man zum Beispiel eine Demonstration der sanften Künste sieht oder gar selbst eine davon ausübt. Unter diesen Gesichtpunkten muß man auch die Bewegungen der zwölf Tiere verstehen, die der Hauptbestandteil des Hsing I sind. Nicht die äußere Form *Hsing,* sondern vielmehr *I,* das Wesen der Technik wird wichtigster Bestandteil. Der Ausübende und das von ihm dargestellte Tier werden im Grunde genommen eins.

Zu einer Stilrichtung gehören zwölf Tiere der nachfolgenden Auswahl: Adler, Affe, Auerhahn, Bär, Drachen, Falke, Hahn, Kranich, Krokodil, Leopard, Pferd, Schildkröte, Schlange, Schwalbe, Taube, Tiger und Wasserläufer.

Es gab damals und erst recht heute nur ganz wenige Meister, die wirklich sämtliche Techniken eines Stils beherrschten. In der Regel wurden eine, höchstens zwei Tierformen unterrichtet. In diesem Zusammenhang fragen Sie sich vielleicht genau so wie ich mich, wie denn die Kampfform der Schildkröte aussehen mag. Trotz aller Nachforschungen ist es mir leider nicht gelungen, darüber irgendwelche Texte, geschweige denn Bildmaterial zu finden.

Damit Sie einen kleinen Eindruck von Hsing I bekommen, möchte ich Ihnen zwei typische Tiertechniken vorstellen. Wenn Sie also erleben möchten, wie man sich als Tiger oder Adler fühlt, dann versuchen Sie, die abgebildeten Stellungen einzunehmen und einige Sekunden zu halten. Diese Art des sanften Lernens wird oft auch bei den anderen Künsten gewählt, um äußerst schwierige und komplexe Bewegungsmuster besser zu lernen.

**85, 86** Der Tiger galt in China schon immer als das angriffslustigste und stärkste Tier. Um seinen mächtigen Prankenschlag nachzuempfinden, werden mit Armen und Händen zupackende Bewegungen gemacht. In den dargestellten Bildern sollen die Arme das Maul und die Finger die Zähne symbolisieren. Mit dem Öffnen der beiden Hände zur Seite soll das anschließende Zerreißen der Beute zum Ausdruck kommen.

**87, 88** Die Adlerform ist sehr spektakulär und ohne jegliche Schnörkel. Schnelle und weit ausholende, kreisende Bewegungen der Arme stehen für das heftige Schlagen und Rütteln mit den Flügeln.

Das Gefährliche dieses Vogels wird besonders durch das Schlagen mit den spitz geformten Händen und Fingern, der sogenannten Vogelhand, deutlich. Man kann sich lebhaft vorstellen, wie dieser große Vogel immer wieder seine Krallen in die Beute schlägt.

## Die fünf Elemente

Ein anderer Aspekt des Taoismus sind die Elemente Yin und Yang. Yin steht für das weibliche, schwache und dunkle und Yang für das männliche, starke und helle Prinzip. Der gesamte Kosmos mit allen seinen Erscheinungsformen ist aus dem Wechselspiel dieser beiden Elemente entstanden und bringt sich ständig immer wieder neu hervor.
Eng mit dieser Theorie verbunden ist die Gruppe der fünf Kräfte oder fünf Elemente Wasser, Holz, Feuer, Erde und Metall. Man muß sie sich im Kreis angeordnet vorstellen und je nach seinem Yin, also Schwäche-, und Yang, also Stärkezustand verändert sich das entsprechende Element zu einer anderen und neuen Qualität von Energie. So erzeugt Wasser Holz, aber zerstört Feuer; Feuer erzeugt Erde, aber zerstört Metall; Metall erzeugt Wasser, aber zerstört

Holz; Holz erzeugt Feuer, aber zerstört Erde; Erde erzeugt Metall, aber zerstört Wasser.
In diesem Zusammenhang spricht man auch von den fünf Wandlungsphasen, um damit anzudeuten, daß es sich nicht um etwas Statisches handelt, sondern um aktive dynamische Energien, die in allen natürlichen Vorgängen am Werk sind. Diese Gedanken sind im Grunde genommen der wichtigste Aspekt des asiatischen Denkens überhaupt, daß nämlich alles Sein in ständigem Fluß ist und sich permanent verändert.
Es versteht sich von selbst, daß die Theorie vom Makrokosmos Universum auch auf den Mikrokosmos Mensch übertragen wurde. Körperorgane, Farben, Geschmack, Geruch, Richtungen, Jahreszeiten oder die Richtung der Energie stehen für weitere Entsprechungen der fünf Elemente und sind ebenfalls wichtige Bestandteile der traditionellen chinesischen Medizin und Philosophie geworden.
Es würde wirklich den Rahmen meiner Ausführungen über die sanften Künste sprengen, wenn ich an dieser Stelle ausführlicher darauf eingehen würde. Aber nur soviel sei gesagt, das Spiel der fünf Elemente hat auch Einfluß auf die sanfte Kunst Hsing I

genommen, denn in einem fortgeschrittenen Stadium dieser Kampfkunst werden die Tierformen um die Darstellung dieser Elemente erweitert. Dabei handelt es sich um grundsätzliche Arm- und Beintechniken, die, wie die Elemente selbst, im Kreis und nahtlos ineinander übergehend vorgetragen werden.

Nachfolgend habe ich die für das jeweilige Element typische Eigenschaft und Stellung aufgeführt. Versuchen Sie auch jetzt wieder die Positionen einzunehmen und einige Sekunden zu halten.

**89** Die Wasserstellung garantiert einen sehr sicheren und festen Stand. Typisch ist die vordere Faust, die »Bohren« oder »Umkippen« bedeutet. Aus dieser Position heraus soll man mit einem einzigen Faustschlag einen Gegner wie einen Baum fällen können.

**90** Die Holzstellung steht für das »Zermalmen«. So wie sich Holz ausdehnen und wieder zusammenziehen kann, so kann auch eine Hand oder Faust erst hart und sofort wieder weich werden.

**91** In der Feuerstellung soll das Explosive zum Ausdruck kommen. Auf schnelle Angriffe kann man mit den Fäusten oder dem vorgestellten Fuß explosionsartig reagieren.

**92** Für die Erdestellung ist das Kreuzen der Arme, die abwechselnd nach vorne geführt werden, typisch. In dieser Stellung kann man sehr gut mit der einen Faust abwehren und mit der anderen einen eigenen Angriff vortragen.

**93** Die Metallstellung wird auch »Hackstellung« genannt, weil bei dieser Position das Teilen wie mit einer Axt nachempfunden wird.

## Kampfhähne

Zum Abschluß meiner Ausführungen über Hsing I möchte ich Ihnen eine angeblich authentische Geschichte erzählen, die ich irgendwo gefunden habe. Sie können daran ermessen, wie sehr die sanften Künste damals, und zum Teil auch noch heute, das tägliche Leben beeinflußten:
Ein Meister der Kampfkünste hatte von seinem Fürsten den Auftrag bekommen, für ihn mehrere Kampfhähne abzurichten.
Nach zehn Tagen fragte der Fürst, ob die Hähne schon ausgebildet seien. »Noch nicht, Herr«, sagte der Meister. »Sie sind sehr arrogant. Sie halten sich noch für die Stärksten.«
Nach weiteren zehn Tagen fragte der Fürst erneut nach dem Ausbildungsstand der Hähne. Wieder mußte der Meister verneinen: »Sie sind noch nicht so weit. Sie lassen sich noch von allen möglichen Dingen in ihrer Umgebung ablenken.«
Zehn Tage später fragte der Fürst wieder nach den Kampfhähnen. »Leider immer noch nicht«, sagte der Meister. »Sie blicken wild um sich und sprühen nur so vor Feuer.«
Und noch einmal vergingen zehn Tage. Als jetzt der Fürst nach den Hähnen fragte, antwortete der Meister: »Jetzt sind sie fertig. Ein anderer Hahn mag vor ihnen krähen, und ihr Äußeres verändert sich nicht im geringsten. Wenn man sie aus einiger Entfernung sieht, wirken sie wie aus Holz geschnitzt. Ihre innere Kraft ist vollkommen. Andere Hähne werden es nicht wagen, gegen sie anzutreten, sie werden sich umdrehen und davonlaufen.«

# Bagua

Neben dem bekanntesten Werk des Taoismus, dem Tao Te King, gab es eine weitere chinesische Schrift, die ebenfalls sehr großen Einfluß auf die sanften Künste hatte, nämlich das I Ging, das Buch der Wandlungen.
Im Grunde genommen war dieses Werk nichts anderes als ein praktischer Ratgeber für alle Probleme des menschlichen Zusammenlebens. Die Antworten auf die Fragen ließen sich aus dem Wurfergebnis von Schafgarbenstengeln verschiedener Länge deuten. Die kurzen Stengel entsprachen einer unterbrochenen Linie (▬▬ ▬▬) und damit Yin, und die langen Stengel den geraden Linien (▬▬▬▬▬) also Yang. Ordnete man die Hölzchen in Dreiergruppen, den sogenannten Trigrammen, an, dann ergaben sich acht verschiedene Darstellungsmöglichkeiten. Erst später wurden die Trigramme untereinander kombiniert, so daß vierundsechzig Hexagramme mit jeweils sechs Linien entstanden. Obwohl schon ein Eingeweihter aus den acht Trigrammen den ewigen Kreislauf von Geburt und Tod herauslesen konnte, so waren es doch erst die Hexagramme, die sämtliche Erscheinungsformen abbildeten und dem Ratsuchenden in jeder Hinsicht umfassend Hilfe anboten.
Die Antworten aus dem I Ging lassen sich auf das immer während Wechselspiel von Yin und Yang, weiblich und männlich, also den beiden Urkräften des Tao, zurückführen. Beide sind gleichwertig und zeigen ihre guten Seiten, wenn sie sich in Harmonie befinden. Diese ist aber gestört, sobald eines der Elemente zu stark und dadurch das andere zu schwach geworden ist.

Natürlich bereicherte das I Ging auch das chinesische Gesundheitssystem. Krankheiten wurden nicht mehr ausschließlich mit Medizin behandelt, sondern auch die Psyche, ja das gesamte familiäre und berufliche Umfeld eines Patienten wurden in die Therapie mit einbezogen. Diese Methode sorgte für einen bedeutend schnelleren Ausgleich zwischen Yin und Yang und sie trug damit wesentlich zur inneren und äußeren Harmonie und zur Genesung des Patienten bei.
Spätestens jetzt schließt sich wieder der Kreislauf zum Taoismus. Bestand dort die Forderung, mit der Natur in Harmonie zu leben, so war das I Ging die praktische Anleitung dazu.
Die folgende Tabelle vermittelt nur einen kleinen Eindruck von den vielfältigen Eigenschaften, die man mit den Trigrammen verband. Je nach Anwendung konnten diese immer wieder geändert und auch erweitert werden, so brauchte man zum Beispiel beim Feng Shui die Himmelsrichtungen und Farben. Sie sehen, wie vielfältig die Interpretations- und Anwendungsmöglichkeiten von nur acht Symbolen sein können und Sie bekommen vielleicht einen ersten Eindruck von den äußerst raffinierten Techniken der sanften Kunst Bagua, denn Bagua heißt nichts anderes als die acht Trigramme.

| **Trigramm, Schriftzeichen** | **Familien-stellung** | **Eigenschaften** |
|---|---|---|
| ☰ | Vater | aktiv, willensstark, anregend, sichtbar, außen, eingreifend, Hengst, Himmel, Kopf, Norden, weiß |
| ☷ | Mutter | friedlich, sanft, geduldig, weich, dunkel, vollendend, innen, Stute, Kuh, Erde, Herz, Südwesten, gelb |
| ☳ | ältester Sohn | erregend, stürmisch, aufregend, umstürzend, Drache, Donner, Osten, braun |
| ☴ | älteste Tochter | sanft, flexibel, durchdringend, schrittweise, geduldig, Huhn, Holz, Wind, Südosten, grün |
| ☵ | mittlerer Sohn | unheimlich, drohend, tief, gefährlich, abgründig, Wildschwein, Schlucht, Wasser, Norden, blau |
| ☲ | mittlere Tochter | graziös, elegant, intelligent, brillant, Fasan, Feuer, Blitz, Süden, rot |
| ☶ | jüngster Sohn | solide, feststehend, unbeweglich, ruhig, Berg, Hügel, Hund, Nord-osten, beige |
| ☱ | jüngste Tochter | fröhlich, charmant, angenehm, zufrieden, Schaf, See, Westen, golden |

Als man so wie beim Hsing I die fünf Elemente, irgendwann auch die acht Trigramme im Kreis anordnete, war Bagua geboren. Um die Verbindung zum Ursprung, also zum Taoismus aufzuzeigen, wurde oft in der Mitte des Kreises das Yin-Yang-Symbol abgebildet. Kein anderes Symbol verdeutlicht besser den ständigen Wechsel und die fließenden Grenzen aller Erscheinungsformen.

Auch dieses Symbol mit der Anordnung der Trigramme finden Sie in den verschiedensten Varianten und jedes nimmt für sich in Anspruch, das einzig Wahre zu sein. Hsing I und Bagua wurden übrigens sehr gerne gemeinsam unterrichtet, weil sie in ihrer unsichtbaren und sichtbaren Dynamik, also im geistigen Hintergrund und in den sehr schnellen Techniken ziemlich ähnlich waren.

## Bagua, die Kunst der acht Trigramme

Bagua, die Kunst der acht Trigramme, wird um eine gedachte Mitte, in der sich der Gegner aufhält, vorgetragen. Der große Vorteil gegenüber Hsing I besteht darin, daß der Baguakämpfer seinem Gegner nicht mehr direkt gegenüber steht. Angriffe kann er deshalb viel besser und wirkungsvoller abwehren und umlenken. Mit hohem Tempo läuft er um seinen Gegner herum, ändert immer wieder die Laufrichtung, taucht plötzlich ab und springt wieder hoch. Flink ausgeführte Körperdrehungen, blitzschnelle Arm- und Beinbewegungen und immer wieder das schnelle Laufen bestimmen den Gesamteindruck und sehen viel eher wie das Imponiergehabe eines stolzen Gockels aus.

Aber dieser Eindruck täuscht. Der Gegner erkennt kein System, ihm bleibt der Sinn der Techniken verborgen und vor allen Dingen weiß er nicht, wann er angegriffen wird.

Beim Bagua fallen sofort zwei Dinge auf. In einigen Schulen müssen beim Gehen die Füße mit der Sohle parallel zum Boden angehoben, nach vorne geführt und auch mit der ganzen Sohle wieder abgesetzt werden. Es gibt aber auch die weniger anstrengende Variante, bei der man den Fuß über die Ferse abrollt.

Das andere typische Merkmal ist die Haltung des Körpers ab der Hüfte aufwärts. Bauch, Schultern und Kopf sind der Mitte des Kreises, also dem Gegner, zugewandt und ihre Position darf während des Gehens nicht geändert werden. Beide Eigenschaften tragen dazu bei, daß allein schon das Gehen sehr energisch, äußerst beherrscht, kontrolliert und kampflustig aussieht. Darüber hinaus verstärken auch die Haltung der Arme und Hände diesen ersten Eindruck.

Die linke Hand wird in Augenhöhe gehalten und die Finger sind extrem gespreizt. Daumen und kleiner Finger zeigen nach vorne in die Laufrichtung und die übrigen Finger nach oben. Den Ellenbogen hält man sehr hoch, so daß der Oberarm fast parallel zu Boden steht. Die rechte Hand ist genau vor dem Meer der Energie, ihre Finger sind ebenfalls gespreizt. Jetzt zeigen Daumen und kleiner Finger zum Boden, die anderen Finger zur Kreismitte (s.a. Bild 95 auf Seite 90).

Wenn Sie sich diese Haltung vor dem Spiegel genauer ansehen, so bildet die Linie von den linken Fingerspitzen über den Unterarm, Ellenbogen und Schultern zum rechten Oberarm, Ellenbogen, rechtem Daumen und kleinem Finger eine Spirale. Auch die Linie von den Füßen über die Hüfte zum Kopf läßt eine leichte Spiralform erkennen. Alle Planeten, alle Sterne, alle Galaxien, ja das gesamte Universum bewegen sich mehr oder weniger spiralförmig. Deshalb gilt der Vergleich mit der Spirale bei den sanften Künsten als Garantie für den richtigen, optimalen und universellen Energiefluß. Eine Spirale kann sich aus jeder Position immer wieder zusammenziehen oder ausdehnen, ohne dabei ihre Form und Spannkraft zu verlieren.

Wenn Sie beim Baguagehen diese Spirale visualisieren (wie so etwas geht, haben sie bei der Beatmung der Energiekreisläufe kennen gelernt), dann haben Sie nicht nur einen ganz besonderen Einstieg in diese sanfte Kunst, sondern Sie werden darüber hinaus auch wohltuend die Energie spüren, die von den linken zu den rechten Fingerspitzen und vom Kopf zu den Füßen fließt und Sie werden sich selbst, zwischen Himmel und Erde gehend, als Teil der alles umfassenden Harmonie erleben. Sehr oft genügt allein schon das Gehen, um sich einen nachhaltigen Eindruck von Bagua zu verschaffen. Der Kreis, den Sie sich vorstellen und auf dem Sie zu Beginn der Form entgegen dem Uhrzeigersinn laufen, muß nicht sehr groß sein, im Einzelfall reicht sogar wenig mehr als ein Meter im Durchmesser aus. Versuchen Sie, immer die gleiche Schulterhöhe beizubehalten und nicht auf und ab zu wippen. Einem Betrachter müssen Sie den Eindruck vermitteln, als ob Sie auf Rollen erschütterungsfrei über den Boden gleiten.

Alle Techniken des Bagua sind mehr oder weniger komplizierte Drehungen auf dem Kreis. Eine Form, darunter versteht man die in genau vorgeschriebener Reihenfolge verbundene Darstellung von Einzeltechniken, besteht beim Bagua aus acht Drehungen oder Wendungen. Es gibt acht Baguaformen mit insgesamt vierundsechzig, wie beim I Ging die Hexagramme, dieser Dreh- und Wendemanöver. Für eine Form benötigen Sie insgesamt etwa fünfzehn bis zwanzig Minuten. Erstaunlich ist, daß davon höchstens fünf Minuten für die Techniken gebraucht werden. Die symbolisch auf der gedachten Kreisbahn abgebildeten Trigramme markieren die genaue Stelle für die Drehung und damit den Wandel von einer Erscheinungsform zur anderen.

Das Gehen, insbesondere aber die Drehungen übt man anfangs sehr sehr langsam und man steigert erst allmählich und ganz individuell das Tempo. Die Überlieferung weiß zu berichten, daß die alten Chinesen so schnell auf dem Kreis gelaufen sind, daß ihre Zöpfe wegen der enormen Fliehkraft waagerecht nach außen gestanden haben.

## Die Form

Führen Sie alle Bewegungen sehr langsam, sehr bedächtig und überlegt, aber trotzdem energisch aus.

**94** Zu Beginn der Form stehen Sie auf der gedachten Kreislinie mit Blickrichtung entgegen dem Uhrzeigersinn. Atmen Sie tief in das Meer der Energie und werden Sie ruhig. Heben Sie, die Handflächen zeigen nach oben, die Arme bis etwa in Schulterhöhe an. Setzen Sie den linken Fuß vor und gehen Sie auf der gedachten Kreislinie.

Die Arme bleiben unverändert in ihrer bisherigen Position, beim Gehen rollen Sie die Füße über die Ferse ab. Achten Sie darauf, daß Ihre Schultern immer die gleiche Höhe haben.

Nach drei Runden führen Sie beide Arme in entgegenlaufenden großen Kreisbewegungen vor den Körper, wobei die rechte Hand für einen kleinen Augenblick über der linken steht. Ohne Pause führen Sie dann die linke Hand am rechten Ellenbogen vorbei zur Kreismitte.

**95** Gleichzeitig führen Sie die Kreisbewegung der rechten Hand weiter bis vor das Meer der Energie. In der letzten Phase beider Armbewegungen drehen Sie den Oberkörper, die Schultern und den Kopf zur Kreismitte und Sie haben die nebenstehende Position eingenommen.

Dies ist, wenn Sie so wollen, die Grundhaltung, in der Sie sich überwiegend bewegen müssen. Aus dieser Stellung heraus nehmen nahezu alle Drehungen, also die eigentlichen Baguatechniken, ihren Anfang.

**96** Laufen Sie in dieser Haltung fünf Runden auf Ihrem Kreis und setzen Sie dann den rechten Fuß im rechten Winkel vor den linken Fuß.
Die Haltung der Arme und Hände bleibt zunächst noch unverändert. Heben Sie die linke Ferse kurz an, drehen Sie sich um die jetzt belastete rechte Achse um einhundertundachtzig Grad und machen Sie einen Schritt links nach vorne.

**97** Dabei ziehen Sie den rechten hinteren Fuß etwas nach und führen Sie die rechte Hand, Handfläche nach oben, an die rechte Hüfte. Gleichzeitig wird die linke Hand etwa in Brusthöhe kräftig nach vorne geschlagen, die Handkante ist in die Schlagrichtung gedreht.

**98, 99** Machen Sie erneut mit links einen energischen Schritt nach vorne und übernehmen Sie sofort das gesamte Gewicht auf das linke Bein.

**100** Heben Sie das rechte Bein und drehen Sie sich aus der Hüfte zur Kreismitte. Führen Sie gleichzeitig die linke Hand in einer runden Bewegung zur Kreismitte.
Schieben Sie die rechte Hand mit der Handfläche nach oben am linken Ellenbogen und der Hand vorbei auch bis zur Kreismitte. Lassen Sie die linke Hand in den rechten Ellenbogen gleiten, beide Handflächen zeigen weiterhin nach oben und verharren Sie einen Augenblick in dieser Position.
Setzen Sie ganz sanft den rechten Fuß auf den Boden ab, indem Sie etwas mehr das linke Knie beugen, und laufen Sie in dieser Haltung jetzt im Uhrzeigersinn auf der gedachten Kreislinie.

**101** Nach drei Runden führen Sie beide Arme in die abgebildete Position.
Nach fünf Runden müssen Sie die eben beschriebene Drehung an der gleichen Stelle des Kreises ausführen, allerdings jetzt rechts herum.
Setzen Sie also den linken Fuß im rechten Winkel vor den rechten Fuß,

die Haltung der Arme und Hände bleibt zunächst wieder unverändert. Heben Sie die rechte Ferse kurz an, drehen Sie sich um die jetzt belastete linke Achse um einhundertundachtzig Grad und machen Sie einen energischen Schritt rechts nach vorne. Dabei ziehen Sie den linken hinteren Fuß etwas nach und führen Sie die linke Hand, Handfläche nach oben, an die linke Hüfte. Gleichzeitig wird die rechte Hand etwa in Brusthöhe kräftig nach vorne geschlagen, die Handkante ist in die Schlagrichtung gedreht.

Machen Sie erneut mit rechts einen energischen Schritt nach vorne und übernehmen Sie sofort das gesamte Gewicht auf das rechte Bein. Heben Sie das linke Bein und drehen Sie sich aus der Hüfte zur Kreismitte. Führen Sie gleichzeitig die rechte Hand in einer runden Bewegung zur Kreismitte. Schieben Sie ebenfalls gleichzeitig die linke Hand mit der Handfläche nach oben am rechten Ellenbogen und der Hand vorbei auch bis zur Kreismitte. Lassen Sie die rechte Hand in den linken Ellenbogen gleiten, beide Handflächen zeigen weiterhin nach oben. Nun verharren Sie einen Augenblick in dieser Position.

Setzen Sie ganz sanft den linken Fuß auf den Boden ab, indem Sie das

rechte Knie etwas stärker beugen, und laufen Sie jetzt im Uhrzeigersinn auf der gedachten Kreislinie.
Nach drei Runden führen Sie die linke Hand in Kopfhöhe und die rechte vor das »Meer der Energie«. Sie haben wieder die gleiche Stellung wie in Bild 95 auf Seite 90.
Das ist die erste Technik dieser Form und sie heißt »Eine Handfläche wechseln«. Nach fünf Runden würden Sie die zweite Technik ausführen.

Die restlichen sieben Drehungen heißen:

- gegenseitig wechselnde Handflächen
- die Handflächen von oben nach unten wechseln
- der gelbe Drachen dreht sich um
- die weiße Schlange offenbart ihre Botschaft
- der große Vogel »Rock« öffnet seine Flügel
- die weißen Affen präsentieren den Pfirsich
- die acht Unsterblichen überqueren das Meer.

Wenn Sie mit allen Drehungen fertig sind, stehen Sie an dem gleichen Punkt, an dem Sie begonnen haben, jetzt allerdings mit Blick im Uhrzeigersinn.

# Taiji

Taiji wird Ihnen, weil Sie jetzt schon eine ganze Menge über die sanften Künste gelesen haben, sofort vertraut vorkommen. Und in der Tat gibt es wirklich sehr viele Elemente aus dem Qigong, Hsing I und Bagua, die Sie in mehr oder weniger veränderter Form wiederfinden. So wird auch hier wie beim Qigong ein Bogen gespannt und wie beim Hsing I tauchen immer wieder Tiere wie Sperling, Hahn, Tiger, Kranich, Schlange, Pferd oder Affe auf. Ebenso kann man die fünf Elemente immer wieder erkennen. Aber auch komplexe Bewegungsbilder, wie z.B. die schöne Jadetochter, die das Weberschiffchen nach links und rechts wirft, werden mit durchaus vergleichbarer Poesie beim Bagua beschrieben. Alle diese Hinweise zeugen davon, daß alles mit allem verbunden ist und gemeinsame Wurzeln hat.

Taiji gilt deshalb zu Recht und ohne Übertreibung als die Krone der sanften Künste und ich hoffe, daß es mir auch gelingt, Sie davon auf den folgenden Seiten zu überzeugen. Als Zuschauer wird man sehr schnell von dem leichten und sanften Fluß der Bewegungen gefangen genommen und nur mit sehr viel Phantasie kann man sich dabei einen Kampf auf Leben und Tod vorstellen. Man glaubt, einem verträumten Ballett zuzuschauen, in dem der Tänzer im Zeitlupentempo ein wunderschönes Märchen erzählt. Auch wenn gelegentlich eine Faust auftaucht, dann wieder wie zu Dolchen gespitzte Finger oder ein angehobenes Bein, alles im Grunde genommen Gesten, die durchaus auf Kampfhandlungen hindeuten, so sieht doch nichts bedrohlich aus. Alle Bewegungen lösen sich

sofort wieder auf und gehen nahtlos in eine andere über. Fest wie ein Berg steht der Taijikämpfer auf dem Boden, bewegt er sich, so sind seine Schritte zugleich kraftvoll und leicht. Man spürt sofort die totale Konzentration und die Körperbeherrschung, alle Abläufe sind genau geplant und fein aufeinander abgestimmt.
Taiji bedeutet »das höchste Letzte«. Gemeint ist damit das Tao, also die Mutter von Yin und Yang. Sie sehen, daß sich Taiji auf den gleichen geistigen Hintergrund bezieht wie die beiden sanften Künste Hsing I und Bagua. Und auch das Ziel ist im Grunde genommen vergleichbar, denn durch die sanften Bewegungen, durch das beständige Wechselspiel von Yin und Yang, soll Harmonie sowohl in körperlicher als auch in geistiger Hinsicht erreicht werden.
Das oft dargestellte und Ihnen vielleicht auch bekannte Taijisymbol verdeutlicht gerade diesen Aspekt. Aus dem Tao (Kreis) entstehen Yin (schwarz) und Yang (weiß).

Die Dynamik dieser beiden Elemente kommt durch die geschwungene Aufteilung des Kreises ganz besonders zum Ausdruck. Beide Teile wirken eng miteinander verbunden und sind nicht leicht abzugrenzen. Selbst an der Stelle, wo Yin vorzuherrschen scheint, sehen Sie einen kleinen weißen Kreis Yang, und wo Yang dominant auftritt, finden Sie einen kleinen schwarzen Kreis Yin.

Heute denkt kaum jemand bei Taiji an Selbstverteidigung, obwohl es in den Anfängen tatsächlich nichts anderes war. Natürlich gibt es auch hier viele Legenden über die Entstehung. So besagt eine z. B., daß ein Mönch bei seiner Meditation einen Kampf zwischen einer Schlange und einem Kranich beobachtet haben soll. Der Kranich versuchte, der Schlange mit kraftvollen Schnabelhieben und Fußtritten beizukommen. Sein eigener Schutz bestand aus schnellen und kreisenden Flügelbewegungen. Aber die Schlange wich allen seinen Attacken geschickt aus, sie bewegte sich kaum und wartete nur auf eine Blöße ihres Gegners. Der Überlieferung nach soll sie den Kampf gewonnen haben. Die Beobachtung der Tiere soll diesen Mönch auf die Idee gebracht haben, eine Kampfkunst des Nachgebens und der Sanftheit zu entwickeln, die es erlaubte, einen Gegner mit minimaler Kraft zu besiegen.

Auch wenn, genauso wie heute, in der Regel sehr langsam geübt wurde, um den optimalen und für den Kämpfer effektivsten Bewegungsablauf herauszufinden, so konnte in einem Kampf ein Taijimeister nicht nur sanft und weich wie eine Daunenfeder sein, sondern bei einem Schlag oder Tritt geradezu explodieren und so hart wie Stahl werden. Dann wieder wurde er ruhig wie ein Berg, um aus dieser Ruhe heraus blitzschnell auf Angriffe eines Gegners zu reagieren. In diesem auch im Kampf erkennbaren Wechsel von Ruhe und Schnelligkeit, von Weichheit und Härte sollte der ständige Wechsel der Elemente Yin und Yang nachvollzogen werden.

Indem man beim Üben noch bewußter versuchte, die vermeintlichen Gegensätze harmonisch miteinander zu verbinden, trat immer mehr auch der gesundheitliche Aspekt in den Vordergrund. Dadurch entwickelten sich in vielen Familien und Schulen Formen mit unterschiedlichen Ansprüchen. So gab es Formen, die ausschließlich

für den Kampf konzipiert waren, und eine oder mehrere andere, die mehr den gesundheitlichen Charakter betonten. Dabei blieb es nicht aus, daß dabei die Bewegungssequenzen immer weicher wurden und die eigentliche Technik nur noch schwer auszumachen war.
Man kann diesen Übergang von der Kampfform zu der mehr gesundheitlichen Übung noch sehr gut am Chen-Stil erkennen, der als der älteste überlieferte Stil gilt. Typisch für ihn sind die zum Teil sehr schnellen Sequenzen, die sich immer wieder mit langsamen Bewegungsfolgen abwechseln. Schnelle Drehungen und hohe Sprünge aus tiefen Stellungen heraus lassen den Zuschauer eine ganz andere Dynamik und Spannung spüren, als dies bei einer jüngeren Stilrichtung der Fall wäre.
Aus dem Chen-Stil entwickelten sich der Yang- und der Wu-Stil, die beide nach außen hin schon sehr gemäßigt und verinnerlicht aussehen. Beide Richtungen verzichten deutlich auf die sichtbare Dynamik und zeichnen sich durch ein gleichmäßig, ruhig dahinfließendes Tempo aus. Aus dem Wu-Stil haben sich noch der Li- und der Sun-Stil entwickelt, damit möchte ich es aber auch schon, was die Entstehung der fünf Hauptrichtungen anbelangt, bewenden lassen. Inzwischen hat sich die Anzahl der Stile vervielfacht und einige bieten heute langsame Formen mit Waffen an, also z. B. mit Schwert, Säbel, Lanze, Speer, Fächer oder Stock.
Nur Folgendes dürfte vielleicht interessant sein: alles, was man über die Entwicklung der bekanntesten Formen weiß, läßt sich gerade einmal 300 Jahre zurückverfolgen und der bei uns bekannteste Stil, der Yang-Stil, ist in der heute praktizierten Form keine hundert Jahre alt. Obwohl gerade bei diesem sehr oft mit einer authentischen Form geworben wird, fühlen sich dennoch viele dazu berufen, die Abläufe ständig zu ändern. Meiner Meinung nach liegt die Authentizität ausschließlich bei

dem Ausübenden, der immer wieder mit seinem Tun eine neue Form schafft, und sei sie auch nur um Nuancen anders als beim letzten Üben. Auch hier manifestiert sich der ständige Wechsel aller Erscheinungen.
Obwohl alle Stile ihre spezifischen Eigenarten und typischen Ausführungsmerkmale haben, tauchen doch immer wieder gleiche oder zumindest ähnliche Bezeichnungen für die einzelnen Bewegungsbilder auf. Dadurch sind Namen entstanden, die eher ein Ereignis aus der Natur oder dem täglichen Leben beschreiben und nur ganz selten wird eine Verteidigungstechnik als solche auch bezeichnet.
Auch ist die Anzahl aller in einer Form auftretenden »Stellungen« trotz des nahezu einheitlichen Grundaufbaues sehr verschieden. Die »dreizehn Bewegungsformen«, die den fünf Elementen Wasser, Holz, Feuer, Erde und Metall sowie den acht Trigrammen nachempfunden sind, stellen praktisch die Grundlage für alle Taijiformen dar. Kurzformen mit vierundzwanzig (Pekingform) oder siebenunddreißig Bildern, oder längere Formen mit achtzig, einhundertsechs oder einhundertachtundzwanzig »Positionen« kommen nur deshalb zustande, weil Wiederholungen teilweise mitgezählt werden.
Während der gesamten Form gilt das Yin Yang Prinzip. Ein belastetes Bein entspricht Yang, ein unbelastetes ist Yin, der Schritt nach vorne ist wieder Yang, der Schritt nach hinten ist Yin, atmen Sie ein, so ist das Yang, atmen Sie aus, so ist das Yin. Natürlich lassen sich diese Beispiele beliebig und noch viel differenzierter fortsetzen, aber für das eigene Erleben und die eigenen Erfahrungen sind derartige Theorien gerade am Anfang vollkommen unwichtig.
Ich weiß aus eigener Erfahrung, daß die zunächst fremden Bewegungen beim ersten Kontakt mit Taiji nicht ganz einfach sind. Aber schon nach zwei oder drei

Übungsstunden werden Sie weniger verkrampft sein und Ihre Bewegungen werden fast von alleine rund und weich. Dann beginnen Sie zu ahnen, warum diese Bewegungskunst als sanft bezeichnet wird. Und auf einmal ist das Verständnis für die besondere Art der zeitlupenartigen und fließenden Bewegungen da und Sie erleben schon dann erste Ansätze von körperlicher und geistiger Harmonie.

## Die Hüfte

Die Hüfte hat bei allen sanften Künsten, insbesondere aber beim Taiji deshalb eine so große Bedeutung, weil sich, wie Sie wissen, unterhalb des Bauchnabels und zwischen den beiden Hüftknochen Ihr Energiezentrum befindet. Sie kennen Sätze wie *»die eigene Mitte finden«* oder *»in sich ruhen«*. Immer ist dann genau dieser Bereich gemeint. Auch wenn man sich konzentriert, also an das eigene Zentrum, die eigene Mitte denkt, ist damit immer das Meer der Energie gemeint. Menschen, die gelernt haben, sich auf ihre Mitte zu besinnen und aus dieser heraus handeln, sind nur schwer aus ihrem inneren und äußeren Gleichgewicht zu bringen, sie reagieren in der Regel ruhig und besonnen.

## Elefantenrüssel

Zentraler Dreh- und Angelpunkt für alle Taijibewegungen ist die Hüfte, weil genau dort auch alle Bewegungen ihren Ursprung haben. Kommt z. B. eine Technik aus der Schulter, so wird auch ein Laie diese ziemlich schnell als eckig und falsch empfinden.

Der Elefantenrüssel ist eine einfache Übung, die das Bewußtsein für die Hüfte und ihre zentrale Rolle beim Taiji stärkt. Die Übung heißt deswegen so, weil die Arm- und Handbewegungen denen eines Elefanten im Zoo ähneln, der seinen Rüssel über den Zaun oder Graben schlenkern läßt, um Naschereien zu ergattern.

**102, 103** Nehmen Sie die abgebildete Ausgangsstellung ein und lassen Sie Ihre Arme locker in den Schultern hängen.

Machen Sie mit dem rechten Fuß einen Schritt nach vorne und drehen Sie die linke Ferse etwas nach innen. Beugen Sie die Knie und verteilen Sie Ihr Gewicht gleichmäßig auf beide Beine.

Bewegen Sie jetzt die Hüfte abwechselnd nach vorne und nach hinten. Spüren Sie, wie sich dabei auch das Gewicht mal mehr auf das vordere rechte und mal mehr auf das hintere linke Bein verlagert. Achten Sie darauf, daß während der gesamten Übung beide Füße immer fest auf dem Boden stehen. Halten Sie den Rücken gerade und strecken Sie weder den Po nach hinten heraus noch schieben Sie das Becken extrem nach vorne.

Führen Sie diese Bewegung einige Male zunächst langsam, dann aber schneller werdend aus. Wenn Sie Ihre Arme und Schultern locker gelassen haben, beginnen diese auch erst langsam und dann auch immer schneller hin- und herzupendeln. Wenn Sie das Tempo noch mehr steigern, muß auch die Gewichtsverlagerung immer schneller erfolgen, Sie bewegen sich ruckartig.
Wenn Sie sich jetzt einmal beobachten, dann werden Sie feststellen, daß die Arme zeitlich verzögert der von der Hüfte initiierten Richtung und Bewegung folgen, sie also so etwas wie einen Peitscheneffekt zeigen. Ihr Gewicht ruht schon auf dem hinteren Fuß, obwohl die Arme noch auf dem Weg nach vorne sind, und Ihre Arme sind noch auf dem Weg nach hinten, obwohl Ihr Gewicht schon wieder auf den vorderen Fuß verlagert ist.

Sie hätten die Übung vollkommen falsch gemacht, wenn das Schwingen der Arme nach vorne und die Gewichtsverlagerung auf den vorderen Fuß im gleichen Augenblick stattfinden würde. Und die Bewegung nach hinten darf auch nicht zusammen mit der Gewichtsverlagerung nach hinten erfolgen. Sollte Ihr Elefantenrüssel so aussehen, lassen Sie mit Sicherheit nicht die Schultern und die Arme locker hängen. Fangen Sie erst wieder ganz langsam an und steigern Sie allmählich wieder das Tempo.

Nun sollen Sie einmal versuchen, den Elefantenrüssel langsam zu machen. Der gesamte Ablauf ist im Grunde genommen der gleiche wie eben. Belasten Sie zunächst beide Beine gleichmäßig.

**104** Werfen Sie den Motor an, indem Sie langsam aber bestimmt das Gewicht auf das vordere Bein verlagern und lassen Sie langsam Ihre Arme nach vorne hochsteigen. Atmen Sie hierbei ein.

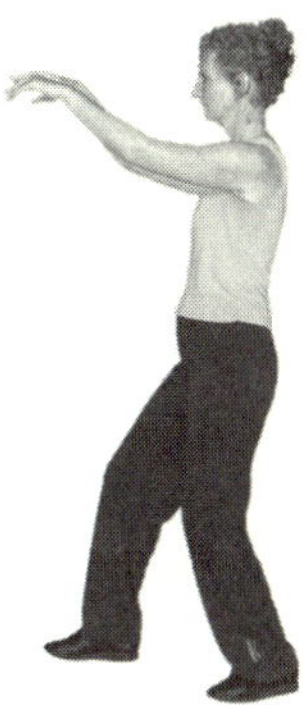

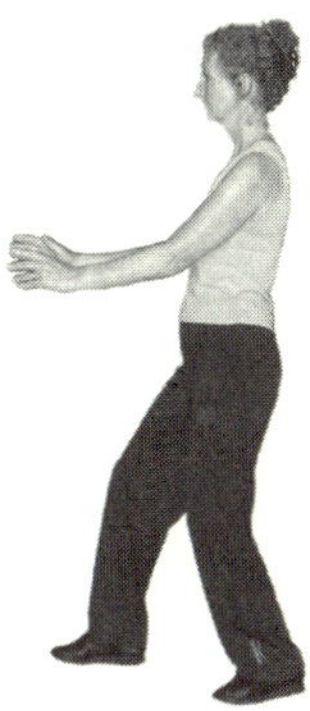

**105, 106** Bevor die Hände im oberen toten Punkt, also dem Wendepunkt der Aufwärtsbewegung, angekommen sind, müssen Sie schon das Gewicht auf das hintere Bein verlagert haben. Atmen Sie wieder aus.

Lassen Sie die Hände oben ausschwingen und beschreiben Sie mit den Fingerspitzen einen kleinen Bogen. Schwingen Sie die Arme wieder nach unten.

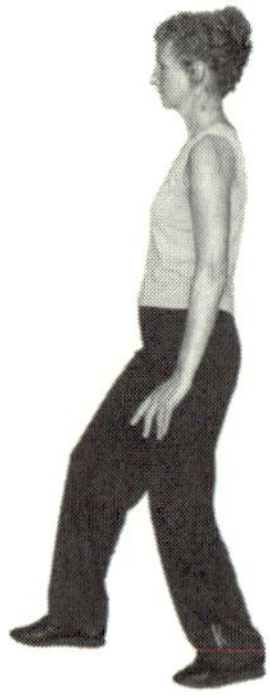

**107, 108, 109** Bevor die Hände im hinteren Wendepunkt angekommen sind, muß das Gewicht schon wieder auf das vordere Bein verlagert sein.
Atmen Sie ein und beschreiben Sie mit den Fingerspitzen wieder einen kleinen Bogen und schwingen Sie die Hände nach vorne.
Wiederholen Sie dieses langsame Schwingen, bis Sie das Gefühl haben, die eben noch schnell ausgeführte Bewegung tatsächlich langsam nachvollzogen zu haben. Das zunächst noch ruckartige Verlagern des Gewichts verliert sich mit zunehmender Übung immer mehr, bleibt aber trotzdem als Ausgangspunkt der Bewegung für Sie spürbar. Achten Sie dann nur noch auf Ihre Hüfte als Motor und Sie haben den Eindruck, daß die Arme fast selbständig nach vorne und hinten fließen.

## Die Haltung

Um richtig Taiji zu machen, müssen Sie eine ganz bestimmte Haltung einnehmen, die während der gesamten Form beibehalten werden soll.

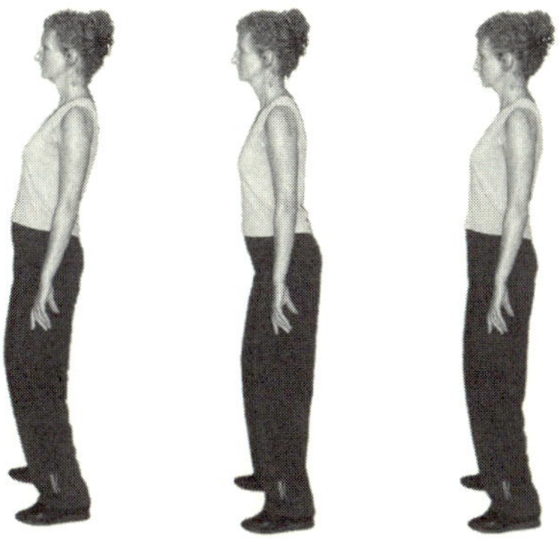

**110, 111, 112** Bei den drei Abbildungen werden auch Sie sofort zu dem Ergebnis kommen, daß die Haltungen auf den beiden ersten Fotos zumindest etwas merkwürdig aussehen. Nach dem, was Sie bis jetzt von Taiji gehört haben, können das sicher nicht die Stellungen sein, die Ihnen geistiges und körperliches Wohlbefinden vermitteln sollen, denn Kopf, Hals, Schultern, Rücken und Becken sehen eher verkrampft, angespannt und unstabil aus. Je länger Sie diese Bilder betrachten, desto mehr negative Eigenschaften werden Ihnen einfallen.

Wenn Sie sich jedoch das dritte Foto ansehen, haben Sie spontan den Eindruck von Ausgewogenheit, Ruhe, Wohlbefinden, Entspanntheit, Stabilität und Harmonie. Der gesamte Oberkörper ruht unverkrampft wie auf einem festen Sockel und scheint von einem unsichtbaren Band gerade gehalten zu werden.
Probieren Sie doch einfach diese Haltung einmal aus. Stellen Sie sich an

eine Wand und achten Sie darauf, daß auch die Fersen die Wand berühren. Halten Sie die Füße schulterbreit auseinander. In der richtigen Taijihaltung soll ab dem Po aufwärts der Rücken bis zu den Schultern etwa eine Linie bilden. Wenn Sie jetzt versuchen, dies an der Wand auszuprobieren, werden Sie feststellen, daß Sie das Hohlkreuz einfach nicht weg bekommen, ja daß Sie sogar riskieren, nach vorne zu kippen. Gehen Sie bitte langsam in die Knie und Sie spüren, je mehr Sie die Knie beugen, wie sich Ihr Körper entspannt. Wenn Sie jetzt noch etwas das Becken nach vorne schieben, ist Ihr Hohlkreuz verschwunden und Sie stehen in der korrekten Taijihaltung.

Wiederholen Sie das Hin- und Herschieben des Beckens einige Male, um für dessen richtige Stellung ein Gefühl zu bekommen. Jetzt erst spüren Sie den Kontakt mit der Wand hinauf bis zu den Schulterblättern. Versuchen Sie auf keinen Fall, die Schultern mit Gewalt an die Wand zu drücken, sondern behalten Sie ihre natürliche Rundung bei. Bringen Sie jetzt noch den Kopf in die richtige Position, indem Sie ihn nicht einfach nach hinten legen, sondern das Kinn etwas anziehen, also ein ganz kleines Doppelkinn machen und dadurch Ihren Scheitel ein wenig nach oben schieben. Vermeiden Sie, wie ein Brett an der Wand zu kleben, sondern versuchen Sie, entspannt und locker zu stehen und ruhig und tief zu atmen. Bemühen Sie sich, eine Zeit lang diese Stellung beizubehalten und achten Sie nicht auf Ihre vielleicht schmerzenden Oberschenkel. Überprüfen Sie gedanklich noch einmal die Haltung des Kopfes, der Schultern, des Rückens und des Beckens, lassen Sie Ihre Arme, Hände und Finger locker und entkrampft hängen.

## Das Gehen

Betrachten wir doch unser normales Gehen etwas genauer. Wir bewegen uns vorwärts oder auch rückwärts, indem wir immer das gesamte Körpergewicht auf ein Bein verlagern. Dadurch wird das andere Bein frei oder leer, ist also unbelastet und kann zu dem Schritt nach vorne oder hinten geschwungen werden. Wenn Sie eine Treppe hinaufsteigen wollen, werden Sie nie oben ankommen, wenn Sie Ihren Fuß lediglich auf der nächst höheren Stufe abstellen. Sie müssen schon Ihr gesamtes Gewicht auf diesen Fuß verlagern, um den hinteren Fuß für den Schritt

auf die nächste Stufe frei zu machen.
Bis auf die Schrittfolge ohne Armbewegung sind alle nachfolgenden Beispiele der mir bekannten langen Taijiform entnommen. Alle Bilder geben auch die Bewegungsrichtung von links nach rechts wieder. Ganz bewußt habe ich bei der Beschreibung dieser Techniken auch jetzt wieder textgleiche Passagen kopiert und nur z.B. *rechts* durch *links* ersetzt. Die einzelnen Bewegungsabläufe prägen sich auch hier wieder leichter ein, weil sie sich wirklich nur in kleinen Punkten unterscheiden.

### Schritte ohne Armbewegung

**113–116** Nehmen Sie die abgebildete Ausgangsstellung ein. Das Gewicht ist gleichmäßig auf beide Beine verteilt. Verlagern Sie Ihr Gewicht auf rechts, drehen Sie die linke Ferse ein wenig nach außen und übernehmen Sie dann das Gewicht auf links, indem Sie langsam den Fuß über die Ferse abrollen.

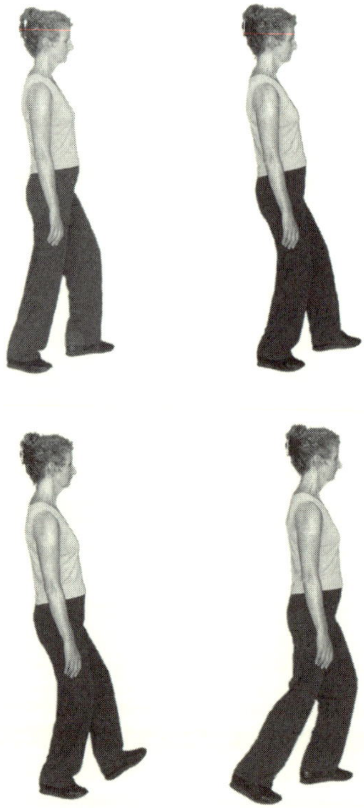

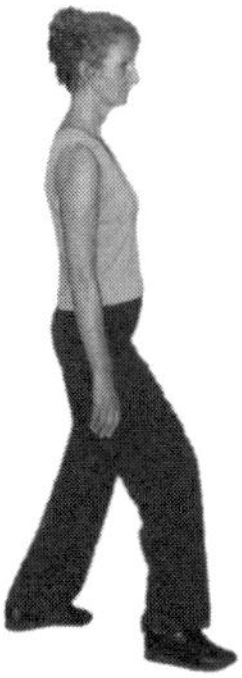

**117** Ziehen Sie den rechten Fuß an den linken Fuß heran und setzen Sie ihn, ohne das Gewicht zu übernehmen, kurz neben den linken Fuß ab.

**118, 119** Machen Sie mit rechts einen Schritt schräg nach vorne. Setzen Sie den Fuß auf der Ferse auf und übernehmen Sie dann das Gewicht auf rechts, indem Sie langsam den Fuß über die Ferse abrollen. Pendeln Sie wieder zurück auf links und drehen Sie den rechten Fuß auf der Ferse etwas nach außen. Pendeln Sie wieder nach vorne und übernehmen Sie das Gewicht auf rechts. Ziehen Sie den linken Fuß an den rechten Fuß heran und beginnen Sie mit einer weiteren Schrittfolge, indem Sie wieder mit links einen Schritt schräg nach vorne machen.
Der Unterschied zum normalen Gehen ist, daß Sie jetzt darauf achten müssen, daß die Höhe der Schultern und des Kopfes immer gleich bleibt. Es ist wirklich wichtig, daß Sie sich beim Heranziehen des hinteren Beines nicht wieder aufrichten. Die Knie bleiben immer gebeugt. Vermeiden Sie, wenn Sie den Fuß vorne absetzen, nach vorne zu plumpsen. Lassen Sie den Fuß eher nach vorne gleiten und übernehmen Sie ruckfrei, geschmeidig und langsam wie eine Raubkatze das Gewicht. Das

geht nur dann besonders gut, wenn das Knie Ihres Standbeins gebeugt ist. Versuchen Sie ruhig einmal mit durchgedrückten Knien zu gehen, es wird Ihnen schwer fallen, die Ferse des anderen Fußes auch nur zehn Zentimeter weit entfernt abzusetzen, ohne dabei nach vorne zu plumpsen. Stellen Sie sich vor, daß Sie sich auf dünnem Eis bewegen und Sie jederzeit in der Lage sein müßten, den vorderen Fuß wieder zurückzuziehen.
Wenn Sie diese Schrittfolge ein paarmal geübt haben, werden Sie ohne Anspannung sanft hin- und herpendeln und im Grunde genommen die Einfachheit dieser Bewegung genießen.

## Schritt nach vorn und rechtes/linkes Knie streifen

**120** Nehmen Sie die im Foto ganz links abgebildete Ausgangsstellung ein (siehe folgende Seite). Das Gewicht ist gleichmäßig auf beide Füße verteilt. Pendeln Sie auf den rechten Fuß und lassen Sie die Arme mit einer kleinen Verzögerung dieser neuen Richtung folgen. Drehen Sie den linken Fuß auf der Ferse etwas nach links außen, übernehmen Sie das ganze Gewicht auf den linken

Fuß und setzen Sie für einen Augenblick den rechten Fuß auf dem Ballen neben den linken Fuß ab. Die Arme folgen etwas verzögert dieser neuen Richtung und schwingen sanft nach oben, beide Handflächen zeigen ebenfalls nach oben.

Bevor sich die Hände im oberen toten Punkt befinden, drehen Sie die Handflächen nach unten, machen einen Schritt schräg rechts nach vorne und rollen den rechten Fuß über die Ferse ab. Die Hüfte, der Oberkörper mit den Schultern und dem Kopf behalten während der Übernahme des Gewichts auf den rechten Fuß noch unverändert die alte Richtung bei, Sie blicken also in Richtung der linken Fußspitze. Geben Sie nicht der Versuchung nach, mit dem Schritt auch schon den Kopf in die neue Richtung zu drehen.

Erst wenn das Gewicht überwiegend auf den rechten Fuß verlagert ist, drehen Sie die Hüfte etwas nach rechts. Die Drehung wird vom Oberkörper, den Schultern und dem Kopf zusammen übernommen und an die Arme, Hände und Finger in der Form weitergegeben, daß die rechte Hand in einem Bogen von oben nach unten zum rechten Oberschenkel geführt wird, dabei zeigt jetzt die Handfläche nach unten. Die linke Hand wird erst mit den Fingerspitzen, dann mit der ganzen Handfläche etwa in Schulterhöhe nach vorne geschoben. Sie blicken jetzt in Richtung der rechten Fußspitze.

Haben Sie gerade das rechte Knie gestreift, so können Sie auch noch das linke streifen. Bevor also beide Hände ihre jeweilige Endposition erreicht haben, verlagern Sie jetzt das Gewicht auf den linken Fuß. Die Arme folgen wieder dieser neuen Richtung, indem Sie mit den Handflächen nach außen in einer Kreisbewegung neuen sanften Schwung holen. Gleichzeitig drehen Sie den rechten Fuß auf der Ferse etwas nach außen, übernehmen das ganze Körpergewicht auf den rechten Fuß und setzen für einen Augenblick den linken Fuß auf dem Ballen neben den rechten Fuß ab.

Die Arme folgen etwas verzögert dieser neuen Richtung und schwingen nach oben, beide Handflächen zeigen ebenfalls nach oben.

Bevor sich die Hände im oberen toten Punkt befinden, drehen Sie die Handflächen nach unten, machen einen Schritt schräg links nach vorne und rollen den linken Fuß über die Ferse ab. Die Hüfte, der Oberkörper und der Kopf behalten während der Übernahme des Gewichts auf den linken Fuß noch unverändert die alte Richtung bei, Blickrichtung ist immer noch die rechte Fußspitze. Achten Sie wieder darauf, daß Sie nicht mit dem Schritt auch schon den Kopf in die neue Richtung drehen.

Erst wenn das Gewicht überwiegend auf den linken Fuß verlagert ist, drehen Sie die Hüfte etwas nach links. Die Drehung wird vom Rumpf, den Schultern und dem Kopf zusammen übernommen und an die Arme, Hände und Finger in der Form weitergeleitet, daß die linke Hand in einem Bogen von oben nach unten zum linken Oberschenkel geführt wird, dabei zeigt die Handfläche nach unten. Die rechte Hand wird erst mit den Fingerspitzen, dann mit der ganzen Handfläche etwa in Schulterhöhe nach vorne geschoben. Sie blicken jetzt in Richtung der linken Fußspitze.

Wichtig ist bei dieser Schrittfolge, daß Sie, ganz anders als bei der vorangegangenen, unter keinen Umständen zusammen mit dem Schritt nach vorne auch schon in die neue Richtung blicken. Denn mit dem Blick würden Sie automatisch auch den Kopf und die Schultern drehen, und Sie würden dann der Hüfte als dem zentralen Motor die Kraft für die eigentliche Technik, nämlich den Gegner mit der Hand fortzustoßen, nehmen. Sie würden sich zwar immer noch langsam bewegen, aber es hätte nichts mehr mit Taiji zu tun. Um die Arme und Hände noch in die richtige Position zu bekommen, müßten Sie diese aktiv, also mit einer selbständigen Bewegung in die jeweilige Position bringen. Wenn Sie aber die Drehung aus der Hüfte für die Bewegung nutzen, dann fließen die Arme und Hände von ganz alleine, also passiv in die neue Richtung. Diesen Fluß werden Sie mit etwas Übung bis in die Fingerspitzen spüren können.

Trotz des in einzelnen Abschnitten dargestellten Ablaufs, also erst der Schritt, dann das Gewicht und dann die Drehung, können Sie sich vorstellen, daß sich der ganze Körper in ständiger Bewegung befindet. Besonders die Arme und Hände kennen keine Ruheposition und sind in ständigem Fluß. Eine vermeintlich erreichte Stellung oder Endposition löst sich sofort wieder auf und geht nahtlos in eine andere über, um etwas Neues zu gestalten, das seinerseits auch keinen Bestand hat. Das einzig Beständige ist der Wandel der Figuren.

## Goldener Hahn steht auf einem Bein

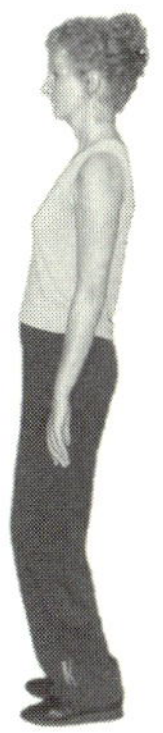

**121, 122** Nehmen Sie die abgebildete Ausgangsstellung ein. Das Gewicht ist gleichmäßig auf beide Füße verteilt. Verlagern Sie das Gewicht ganz auf das rechte Bein und heben Sie den linken Fuß ein wenig an. Die rechte Hand heben Sie bis in Brusthöhe, die Handfläche zeigt zum Boden, den linken Arm heben Sie bis zum Kopf, die Handfläche zeigt nach außen. Achten Sie darauf, daß Ihre Arme in den Gelenken rund sind.

**123, 124** Setzen Sie den linken Fuß schräg nach hinten erst auf dem Ballen ab und übernehmen Sie dann nahezu das gesamte Gewicht, den rechten Fuß lassen Sie unverändert mit der Fußsohle auf dem Boden stehen. Drehen Sie die Hüfte ein wenig nach vorne.

**125** Als Folge dieser leichten Drehung wird die rechte Hand mit der Handfläche nach unten in einem Bogen zum rechten Oberschenkel geführt, die linke Hand wird langsam nach vorne gestoßen.

**126** Bevor die Hände ihre jeweilige Endposition erreicht haben, drehen Sie die linke Handfläche schräg nach oben. Heben Sie den rechten Fuß etwas an. Heben Sie den rechten Arm bis etwa in Kopfhöhe, wobei die Handfläche nach außen zeigt. Beide Arme sind in den Gelenken wieder rund.

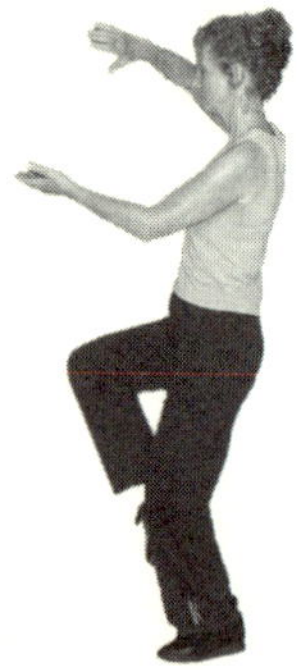

**127, 128** Setzen Sie den rechten Fuß schräg nach hinten erst auf dem Ballen ab und übernehmen Sie dann nahezu das gesamte Gewicht, den linken Fuß lassen Sie unverändert mit der Fußsohle auf dem Boden stehen. Drehen Sie die Hüfte ein wenig nach vorne. Als Folge dieser leichten Drehung wird die linke Hand mit der Handfläche nach unten in einem Bogen zum linken Oberschenkel geführt, die rechte Hand wird langsam nach vorne gestoßen.
Auch bei dieser Schrittfolge sollten Sie beachten, daß die Arme in der jeweiligen Endposition, also wenn mit der einen Hand nach vorne gestoßen und die andere Hand zum

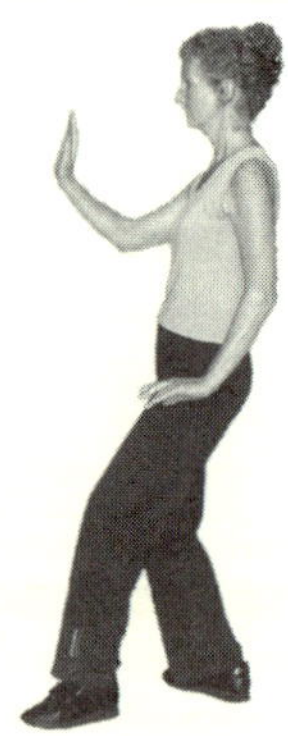

Oberschenkel geführt worden ist, niemals gestreckt sein dürfen. Für das sichere Stehen auf einem Bein ist es wichtig, daß der Fuß des Standbeines immer ein wenig schräg nach außen gestellt ist und das Knie gebeugt bleibt. Damit erreichen Sie auch bei dieser Schrittfolge, daß die Höhe der Schultern und des Kopfes immer gleich bleibt.

Sollte das Stehen auf einem Bein schwierig sein, dann konzentrieren Sie sich auf die tiefe Atmung in das Meer der Energie. Sie verlagern dadurch gedanklich Ihren Schwerpunkt nach unten und Sie stehen bedeutend sicherer.

Damit Sie diese Schrittfolge insgesamt gesehen stabil und nicht wackelig erleben, sollten Sie die Füße nicht in einer Linie hintereinander absetzen, sondern den Schritt nach hinten etwas versetzt ausführen.

Hier noch einmal die einzelnen Stationen auf einen Blick **(129)**.

## Affen abwehren

**130** Beginnen Sie diese Schrittfolge so wie die letzte, also vereinfacht beschrieben: Gewicht auf rechts, linkes Bein heben, Schritt links zurück, mit links nach vorne stoßen, rechte Hand zum rechten Oberschenkel.
Ziehen Sie den rechten Fuß an den linken und übernehmen Sie das gesamte Gewicht auf rechts. Drehen Sie die linke Handfläche nach oben und heben Sie die rechte Hand bis in Kopfhöhe, die Handfläche zeigt nach unten.
Drehen Sie die rechte Hüfte mit dem Oberkörper, dem Kopf und der rechten Schulter etwas nach rechts. Machen Sie links einen Schritt zurück und übernehmen Sie fast das gesamte Gewicht auf links.
Drehen Sie die rechte Hüfte wieder langsam nach vorne und lassen Sie als Folge dieser leichten Drehung die rechte Hand, Handfläche nach unten, von der Schulter im Bogen nach vorne über die linke Handfläche gleiten, wobei Sie die linke Hand mit der Handfläche nach oben etwas an den Körper heran ziehen.
Drehen Sie sich weiter nach links und ziehen Sie den rechten Fuß an den linken. Heben Sie die linke Hand bis in Kopfhöhe, die Handfläche zeigt nach unten. Drehen Sie die

rechte Handfläche nach oben. Übernehmen Sie das gesamte Gewicht auf links, stellen Sie kurz den rechten Fuß neben dem linken ab und machen Sie rechts einen Schritt nach hinten. Verlagern Sie fast das gesamte Gewicht auf rechts.
Drehen Sie die linke Hüfte wieder langsam nach vorne und lassen Sie als Folge dieser leichten Drehung die linke Hand, Handfläche nach unten, von der Schulter im Bogen nach vorne über die rechte Handfläche gleiten, wobei Sie die rechte Hand mit der Handfläche nach oben etwas an den Körper heran ziehen.
Zu Beginn der Schrittfolge müssen Sie besonders darauf achten, daß Sie den doppelten Schritt links nach hinten nicht verpassen. Setzen Sie auch jetzt wieder beim Schritt nach hinten die Füße seitwärts versetzt ab, weil dadurch Ihr Stand viel stabiler wird.
Versuchen Sie, sich nur auf die Hüfte zu konzentrieren und lassen Sie die Bewegungen der Arme und Hände als Folge der Hüftdrehung einfach geschehen. Drücken Sie auch nicht die Knie durch, denn nur dann können Sie sanft aber bestimmt von einer Stellung in die andere gleiten.
Auf der nächsten Seite oben die einzelnen Stationen auf einen Blick **(131)**.

## Wolkenhände

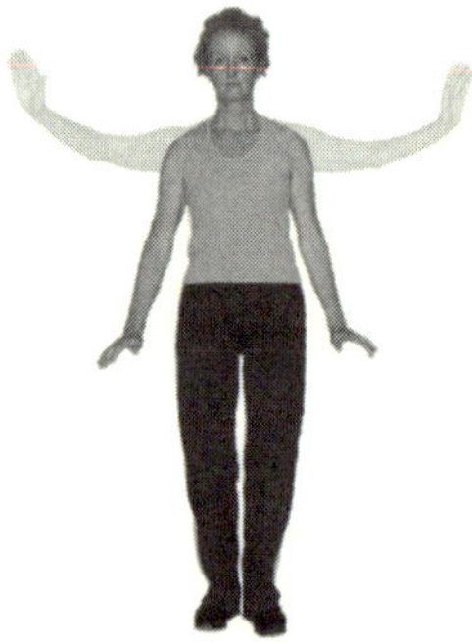

132 Breiten Sie weit die Arme aus, stellen Sie die Füße zusammen, verteilen Sie das Gewicht gleichmäßig auf beide Beine und beugen Sie leicht die Knie. Lassen Sie sanft die Arme und Hände nach unten sinken.

133 Wenn sich die Hände in Höhe der Oberschenkel befinden, verlagern Sie das Gewicht auf den rechten Fuß und drehen Sie die Hüfte etwas nach rechts.
Gleichzeitig folgt auch der Oberkörper und der Kopf dieser leichten Drehung. Die rechte Hand führen Sie in einer Kreisbewegung vom Oberschenkel am Bauch vorbei nach oben. Lassen Sie die linke Hand an den Oberschenkeln vorbei weiter auf die rechte Seite bis etwa in Schulterhöhe steigen. Beide Handflächen

weisen zum Körper. Übernehmen Sie jetzt das gesamte Gewicht auf rechts und machen Sie einen Schritt links zur Seite. Übernehmen Sie langsam das Gewicht auf links und drehen Sie dann die Hüfte, den Oberkörper und den Kopf etwas nach links.

**134** Bedingt durch die Gewichtsverlagerung und die Drehung lassen Sie die rechte Hand auf der rechten Seite im Bogen von oben nach unten wandern, wobei Sie die Hand so formen, als wenn Sie etwas nach unten ziehen wollten. Der linke Arm folgt der Gewichtsverlagerung und der Hüftdrehung auf die linke Seite und die Hand wird mit der Handfläche zum Körper am Gesicht vorbeigeführt.

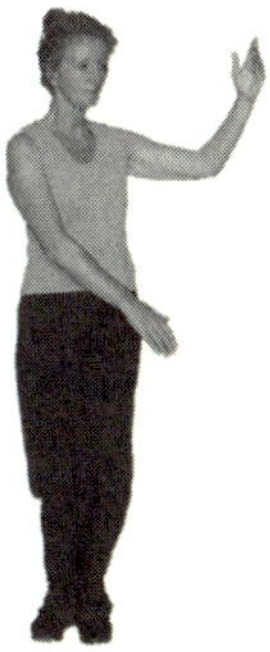

**135** Übernehmen Sie das gesamte Gewicht auf den linken Fuß und setzen Sie den rechten Fuß neben den linken, ohne dabei schon das Gewicht auf rechts zu verlagern. Die rechte Hand wird an den Oberschenkeln vorbei ganz auf die linke Seite geführt und steigt an der linken Seite mit der Handfläche zum Körper nach oben.

**136** Übernehmen Sie ein wenig mehr das Gewicht auf rechts und drehen Sie die Hüfte, den Oberkörper und den Kopf wieder etwas nach rechts. Führen Sie die rechte Hand mit der Handfläche zum Gesicht am Kopf vorbei auf die rechte Seite, die linke Hand lassen sie im Bogen nach unten sinken. Übernehmen Sie jetzt vollständig das Gewicht auf rechts, drehen Sie noch mehr die Hüfte, den Oberkörper und den Kopf nach rechts und machen Sie wieder einen Schritt links zur Seite.

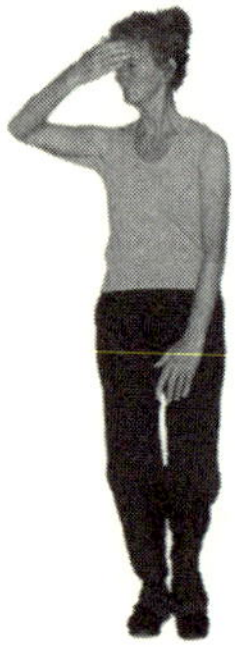

**137** Wenn sich die Hände in Höhe der Oberschenkel befinden, verlagern Sie das Gewicht auf den rechten Fuß und drehen Sie die Hüfte etwas nach rechts.
Gleichzeitig folgt auch den Oberkörper und der Kopf dieser leichten Drehung. Die rechte Hand führen Sie in einer Kreisbewegung vom Oberschenkel am Bauch vorbei nach oben. Lassen Sie die linke Hand an den Oberschenkeln vorbei weiter auf die rechte Seite bis etwa in Schulterhöhe steigen. Beide Handflächen weisen zum Körper. Übernehmen Sie jetzt das gesamte Gewicht auf rechts und machen Sie einen Schritt links zur Seite. Übernehmen Sie langsam das Gewicht auf links und drehen Sie dann die Hüfte, den Oberkörper und den Kopf etwas nach links.

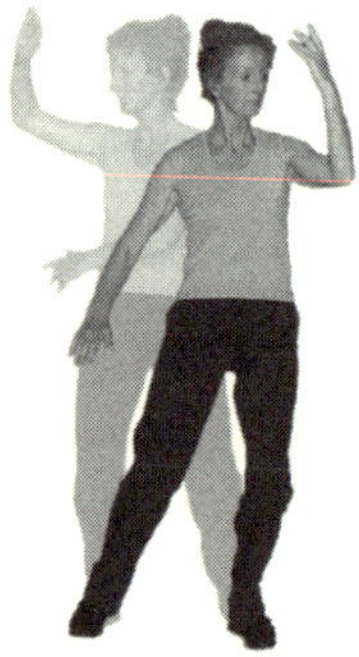

**138, 139** Sie merken schon, daß sich alle Bewegungen wiederholen. Theoretisch könnten Sie, so wird es auch während des Unterrichts immer wieder geübt, stundenlang so weiter laufen, um den richtigen Bewegungsfluß und vor allen Dingen das richtige Timing heraus zu finden.

Versuchen Sie auch bei dieser Schrittfolge die Knie nicht durchzudrücken, damit Sie die Schultern und den Kopf auf der einmal gewählten Höhe halten können. Der Schritt zur Seite ist hier immer mit einer Hüftdrehung kombiniert. Gewöhnungsbedürftig dabei ist, beide Bewegungen so aufeinander abzustimmen, daß sie wie *eine* Bewegung aussehen und auch wie *eine* Bewegung empfunden werden.

Sie erkennen immer mehr, daß sich die Bewegungsmuster der bisher vorgestellten Schrittfolgen sehr ähnlich sind. Im Grunde genommen ist es vollkommen unwichtig, welche Richtung die Arme und Hände nehmen. Von Bedeutung ist nur, daß sich nichts verselbständigt, d. h. selbst aktiv wird, sondern alles nur passiv auf die Hüftdrehung reagiert. Wenn Sie das beherzigen, dann werden Sie auch dem Namen der Übung gerecht, denn dann bewegen sich die Hände so, als würden sie mit den Wolken über allem schweben, dann sanft auf ihnen abgesetzt und vorsichtig zur Seite oder nach unten weiter geführt.

## Mähne des wilden Pferdes teilen

**140** Breiten Sie weit die Arme aus, stellen Sie die Füße zusammen, verteilen Sie das Gewicht gleichmäßig auf beide Beine und beugen Sie leicht die Knie. Lassen Sie sanft die Arme und Hände nach unten sinken.

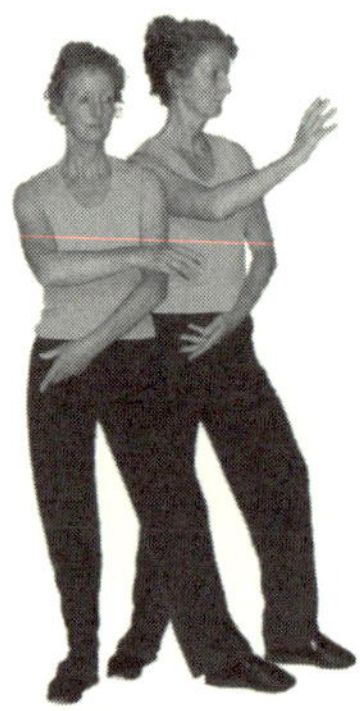

**141** Verlagern Sie das Gewicht auf rechts und machen Sie einen Schritt links zur Seite, wobei der linke Fuß etwa im rechten Winkel zum rechten aufgesetzt wird. Drehen Sie noch nicht die Hüfte mit dem Oberkörper und dem Kopf in die neue Richtung. Erst wenn Sie das Gewicht auf links übernommen haben, drehen Sie sich auch nach links und lassen die Arme in die abgebildete Position weiter fließen.

**142** Lassen Sie den linken Arm wie abgebildet nach oben steigen, die rechte Hand führen Sie zum rechten Oberschenkel. Bevor die aufsteigende linke Hand ihren toten Punkt erreicht hat, verlagern Sie wieder das Gewicht auf rechts.

**143** Setzen Sie den linken Fuß schräg vor den rechten und drehen Sie sich auch mit dem ganzen Körper in die neue Richtung. Übernehmen Sie das ganze Gewicht auf links und stellen Sie kurz den rechten Fuß neben dem linken ab. Lassen Sie beide Arme so schwingen, daß sie sich etwa vor Ihrem Bauch kreuzen.

**144** Verlagern Sie das Gewicht auf links und machen Sie einen Schritt rechts zur Seite, wobei der rechte Fuß etwa im rechten Winkel zum linken aufgesetzt wird. Drehen Sie noch nicht die Hüfte mit dem Oberkörper und dem Kopf in die neue Richtung. Erst wenn Sie das Gewicht auf rechts übernommen haben, drehen Sie sich auch nach rechts. Lassen Sie den linken Arm wie abgebildet nach oben steigen, die rechte Hand führen Sie zum rechten Oberschenkel. Bevor die aufsteigende rechte Hand ihren toten Punkt erreicht hat, verlagern Sie wieder das Gewicht auf links.

Wie bei der letzten Schrittfolge könnten Sie auch jetzt wieder stundenlang so weiter laufen um dem richtigen Bewegungsfluß und dem richtigen Timing auf die Spur zu kommen.

Wenn Sie das gefunden haben, dann eröffnen sich Ihnen nicht nur die natürliche Anmut und Schönheit, sondern auch die ungeheure Vielfalt und Dynamik gerade dieser Sequenz. Spätestens bei dieser Schrittfolge liegen aber auch die Grenzen dessen, was man sich auf Grund einer Beschreibung noch selber aneignen kann.

## Die besondere Bewegung

Wenn Sie jetzt noch einmal an die Beschreibungen der Schrittfolgen denken, dann wird Ihnen auffallen, daß zentimetergenaue Angaben darüber, wie hoch z.B. eine Hand gehalten werden mußte, wann genau die Gewichtsverlagerung oder die Hüftdrehung zu erfolgen hatte, fehlen. Statt dessen finden Sie eher ungenaue Erläuterungen. Das hängt einfach damit zusammen, daß es beim Taiji keine exakt definierten Positionen oder Stellungen wie z.B. beim Karate oder vergleichbaren Disziplinen gibt. Da könnten Sie mit dem Zollstock auf den Millimeter genau festlegen, wo eine Hand oder ein Fuß zu sein hat. Beim Taiji redet man von Bewegungsbildern, die nahtlos und ohne Pause ineinander übergehen.
Um diesen immerwährenden Fluß zu erreichen, bedarf es ständig neuer Impulse, die für einen Uneingeweihten kaum oder gar nicht mehr zu erkennen sind. Dabei scheint die Bewegung für einen kurzen Augenblick, weil neu initiiert, schneller zu werden und anschließend fast zu erstarren. Sie erfolgt, wenn Sie so wollen, gleichsam in einer unendlichen Wellenlinie.
Auch die Übung des Elefantenrüssels beruht auf dem gleichen Prinzip. Taiji sieht nicht nur deshalb so leicht und fließend aus, weil es langsam vorgetragen wird. Das, was die Bewegung weich und harmonisch macht, ist die endlose Welle der gleichmäßig anmutenden Bewegung, die immer wieder neu initiiert werden muß. Nur dann verlei-

hen Sie Ihren Bewegungen die Ähnlichkeit eines sich im Wind wiegenden Kornfeldes oder von Wasserpflanzen, die durch die Strömung sanft hin- und herbewegt werden.

## Der Jojoeffekt

Denken Sie doch einmal an ein Jojo. Dieses schier endlos anmutende Auf und Ab erreichen Sie nur dann, wenn Sie, bevor das Jojo unten im toten Punkt angekommen ist, schon wieder den Faden nach oben ziehen, also einen neuen Impuls gegeben haben, bevor die alte Bewegung ausgeklungen ist. Das Herausfinden des tatsächlich auf den Bruchteil einer Sekunde richtigen Zeitpunktes ist für die Kontinuität ausschlaggebend und für diesen Augenblick müssen Sie ein Gespür entwickeln. Denn wenn Sie nach dem ersten Herunterrollen des Jojos den Faden ruhig in der Hand halten, wird nach kurzer Zeit die Bewegung beendet sein. Geben Sie den Impuls zu früh oder zu spät, können Sie das Jojo zwar länger als vorher auf- und abtanzen lassen, aber auch dann wird es unweigerlich zum Stillstand kommen.
Ein sehr ähnliches Bild ist die gute alte Schiffschaukel. Um entweder immer höher zu steigen oder auch nur auf gleicher Höhe zu bleiben, müssen Sie auch hier im genau richtigen Zeitpunkt Schwung holen und sich im genau richtigen Zeitpunkt einfach tragen lassen.
Oder denken Sie an einen leicht trabenden Reiter. Bei jedem zweiten Schritt des Pferdes wird er aus seinem Sattel gehoben, um sich danach sofort wieder zu setzen. Sobald er aber den Sattel berührt hat, wird er auch schon wieder nach oben katapultiert. Der Reiter trifft plötzlich auf die Bewegung des Pferderückens, scheint für einen kurzen Augenblick mit ihm verschmelzen zu wollen und

läßt Sekundenbruchteile später eine eigene Bewegung entstehen, die ihn wieder nach oben trägt.
Übertragen auf sanften Fluß beim Taiji bedeutet der Jojoeffekt, daß Sie nach jedem Anstoß für eine neue Bewegungsfolge oder neue Richtung sich eher passiv verhalten und die Bewegung einfach fließen und geschehen lassen sollen. Sie müssen im rechten Augenblick aktiv und dann wieder passiv sein, ohne dabei die Kontrolle über das Ganze zu verlieren.

## Die Kraft der runden Bewegung

Wenn Sie Ihre Taijibewegungen, ja im Grunde genommen die Bewegungen aller sanften Künste, rund ausführen, dann unterstützen Sie damit nach Auffassung der alten Meister Ihren Körper bei der Energieaufnahme. Gleichzeitig garantiert das Runde auch das Bewahren dieser Energie, weil eine unkontrollierte und ungewollte Abgabe verhindert wird.
Stellen Sie sich einen Hammerwerfer vor. Er dreht sich erst langsam, dann immer schneller werdend um die eigene Achse und wird damit zum Zentrum des Kreises, den der Hammer beschreibt. Die von ihm aufgewendete Energie, trotz der Fliehkraft in der Mitte des Wurfringes stehen zu bleiben und die Kontrolle über sich und den Hammer zu behalten, wird mit zunehmender Geschwindigkeit immer größer. Die Kräfte, die von der Mitte nach außen wirken, und die Kräfte, die von außen nach innen zurückkommen, nehmen zwar ständig zu, sorgen aber auf der anderen Seite dafür, daß er überhaupt in seinem Kreis stehen bleiben kann.
In dem Augenblick, in dem die abgebenden und die zurückfließenden Kräfte drohen, aus dem Gleichgewicht zu geraten, erfolgt geradezu explosionsartig der Wurf.

Hätte unser Hammerwerfer in jeder Hand einen Hammer oder sogar mehrere, dann würden wir uns die im Zentrum gebündelten Kräfte kaum noch vorstellen können, so groß würden sie werden, je schneller sich der Werfer drehen würde.

Ein Körper, bei dem wir dieses Kräftespiel auf natürliche Weise und deshalb perfekt vorfinden, ist die Kugel.

Denken Sie an ein zerbrochenes Fieberthermometer aus den fünfziger Jahren, bei dem sich das Quecksilber sofort in vielen kleinen Kügelchen über den Boden verteilte.

Jede Kugel besteht aus beliebig vielen Molekülen, die sich einander anziehen. Gleichzeitig strebt aber die Kohäsionskraft aller Moleküle, egal an welcher Stelle sie sich befinden, zum gemeinsamen Mittelpunkt. Erst wenn die Oberfläche am kleinsten geworden ist, ist die Kugel perfekt. Es gibt keine exponierte Stelle mehr, jeder Punkt der Oberfläche ist dem Zentrum der Kugel gleich fern oder gleich nah.

Wenn Sie das Quecksilberkügelchen an irgendeiner Stelle ein wenig anstoßen, wird es sich bewegen. Dabei können Sie für jede gedachte Linie vom Mittelpunkt zur Oberfläche der Kugel bildlich gesehen das gleiche Prinzip wie beim Hammerwerfer anwenden.

Je weiter ein Punkt vom Zentrum entfernt ist, desto größer ist seine Geschwindigkeit und desto größer ist der Weg, den er zurücklegen mu Ist ein Punkt dem Zentrum sehr nahe, bewegt er sich langsamer und auch der von ihm zurückzulegende Weg wird kleiner. Im Zentrum selbst ist Ruhe, obwohl wir hier die Summe aller Kräfte finden. In dem Augenblick, in dem diese Gesetzmäßigkeiten ihre Gültigkeit verlieren, gibt es keine Kugel mehr.

Das Bild einer rotierenden Kugel können Sie auch sehr schön beim klassischen Wiener Walzer beobachten. Die Hüften als gemeinsamer Mittelpunkt der Tänzer stehen sehr eng beieinander. Dadurch wird das Zentrum auf ein

Minimum reduziert. Beim Tanz sind von diesem Punkt die Oberkörper weit nach hinten geneigt. Die ausgesprochen runde Armhaltung fügt sich harmonisch in das immer mehr entstehende runde Gesamtbild ein. Wenn sich das Paar im schwingenden Takt über die Tanzfläche bewegt, scheint es fast schwerelos zu gleiten, man könnte sogar sagen zu rollen.

Der Eindruck einer rollenden Kugel wird für den Zuschauer durch das ausgewogene Setzen der Beine, die jetzt auch von der Mitte wegzustreben scheinen, noch verstärkt. Viele Paare betonen die Rotation und damit die Kugelform zusätzlich dadurch, daß sie ihre Oberkörper um die gemeinsame Mitte gleichsam rollen lassen. Wen wundert es in diesem Zusammenhang, wenn man beim Taiji von einem Tanz um die eigene Mitte spricht.

Übertragen auf die Bewegung beim Taiji bedeutet die Rundheit, daß bei allen Ihren Bewegungen Ihre Arme nicht ängstlich am Körper kleben. Stellen Sie sich vor, daß unter die Achseln immer noch ein Tennisball passen sollte. Auch hinsichtlich der Stellung der Beine sollten Sie darauf achten, daß die Knie lotgerecht über den Füßen stehen. Und vor allen Dingen sollten Sie zu schwungvolle und zu übertriebene Bewegungen vermeiden.

Wenn Sie das beachten, dann wird Ihr Bewegungsfluß immer mehr dem Idealbild einer Kugel ähneln, in deren Mitte Sie als Zentrum und ruhender Pol stehen. Und dann bestimmen Ruhe und Harmonie Ihr Handeln und Denken. Geistige und körperliche Entspannung führen zu einem bis dahin nicht bekannten Wohlbefinden, und dann haben Sie erreicht, was Sie wollen.

## Die Langsamkeit

Und noch etwas ganz Wichtiges. In meinen Beispielen zum Jojoeffekt und zur Rundheit wurden die Bewegungen schnell ausgeführt. Bei Taiji soll aber eine einmal gewählte Geschwindigkeit, genauer gesagt Langsamkeit, beibehalten werden.
In den klassischen Schriften über Taiji wird der immer gleich bleibende Bewegungsfluß mit dem Ziehen eines Seidenfadens aus einem Kokon verglichen. Zieht man zu heftig, reißt der Faden, zieht man zu langsam, löst er sich nicht aus dem Kokon. Das sich immer wiederholende neue Ansetzen zum Ziehen des Fadens wird gerne mit dem oben aufgeführten Schwungholen beim Taiji verglichen, weil hier wie dort ein sehr hohes Maß an Feingefühl verlangt wird. Hier wie dort gibt es auch kein schneller oder langsamer, sondern immer nur den gleichmäßigen Lauf der Energie und Harmonie.

## Das Umsetzen der Bilder

Wenn Sie gleich zu Beginn Ihrer Bekanntschaft mit Taiji die gerade dargestellten Bilder in die Bewegung mit einfließen lassen wollen, werden Sie unweigerlich zur Übertreibung neigen, was schon mal etwas komisch aussehen kann. Aber lassen Sie sich davon nicht beirren oder aus der Ruhe bringen, denn ziemlich schnell werden Sie die Richtigkeit der Bilder erkennen und dann den zutreffenden Schwung von ganz allein richtig dosieren.
Wenn Sie bei Ihren Bewegungen zum Beispiel an die Kugel denken, werden im Grunde genommen alle Bewegungen von ganz alleine als großzügig und rund empfunden und sehen für einen Dritten auch rund aus. Alles erscheint maßvoll und wirkt nicht übertrieben.

Selbst verschieden lange Wege der Arme und Beine sowie dadurch bedingte unterschiedliche Geschwindigkeiten verstärken diesen harmonischen Gesamteindruck. Vergessen Sie auch nicht bei allen Drehungen des Oberkörpers den Kopf und die Schultern mit zu drehen. Denn es ist diese einheitliche Drehung, die letztlich das Ausmaß und die Richtung der Arme bestimmt.
In diesem Zusammenhang möchte ich Sie noch auf etwas aufmerksam machen, das man, weil es zu unwichtig erscheint, gerne übersieht. So wird z. B. ein Arm nicht dadurch lang oder nahezu gestreckt, weil er aktiv verlängert wird. Es ist ausschließlich die Gewichtsverlagerung, die dafür verantwortlich ist, daß zunächst dem Ausübenden und dann natürlich dem Betrachter der Eindruck vermittelt wird, der Arm würde länger.
Im Grunde genommen ist es ganz einfach: Lassen Sie die Hand oder Faust an der Stelle stehen, wo die letzte Bewegung endete und lassen Sie passiv als Folge der Gewichtsverlagerung den Arm länger werden.

## Taijitraining

Natürlich gibt es beim Taiji vielfältige Trainingsformen und Ansprüche. Taiji im weitesten Sinne als energiespendendes und -erhaltendes Gesundheitssystem für Körper und Geist zu nutzen, ist am weitesten verbreitet und zeigt auch nach kurzer Zeit erste Erfolge.
In diesem Zusammenhang bleibt noch zu erwähnen, daß Sie durchaus irgendwann auch eigene taijiähnliche Bewegungsmuster erfinden können. Wenn diese, völlig frei von den vorgegebenen Bildern einer Form, den allgemeinen Taijiregeln genügen, werden Sie einen vergleichbaren Streicheleffekt für Körper, Geist und Seele erleben. Trotzdem werden Sie immer wieder auf eine sogenannte

klassische Taijiform zurückgreifen wollen, weil sie irgendwie anders und meines Erachtens auch viel schöner ist.
Eine weitere Form des Trainings hat die Verteidigungstechniken wieder entdeckt und übt überwiegend nur diese. Bis man sich aber damit erfolgreich verteidigen kann, müssen Sie, das werden Sie sich denken können, wie bei allen anderen Kampfkünsten auch, jahrelang intensiv trainieren.
Und nicht zuletzt gibt es Taiji als Mittel oder Teil der Meditation. Hier wird auf ein übertriebenes Kleben an der äußeren Form verzichtet. Wie beim meditativen Gehen werden die Bewegung und die bewußte Konzentration auf die Atmung als Hilfsmittel eingesetzt um einen anderen, erweiterten Bewußtseinszustand zu erreichen. Auch hier kann man erst nach sehr langem Training Fortschritte erwarten.
Gutes Taiji hat nach meinem Verständnis von allem etwas und Sie können von einem guten Lehrer im Grunde genommen auch alles erwarten. Die Frage nach dem richtigen oder besseren Taiji stellt sich nicht, weil es das nicht gibt.
Ein Lehrer wird immer bemüht sein, Sie möglichst früh an erste Erfolgserlebnisse heranzuführen. Er wird Ihnen an Hand einiger ausgewählter Beispiele nicht nur den Sinn, sondern auch die realistische Anwendung einzelner Techniken erklären. Und er wird Sie, wenn die Zeit reif ist, vorsichtig an die Hand nehmen, um Ihnen erste Anleitungen für ein meditatives Taiji zu zeigen.

## Atmung

Auf die Atmung beim Taiji möchte ich hier nur noch ganz kurz eingehen, denn im Prinzip habe ich beim Qigong schon das Wesentliche dazu gesagt. Wie dort ist auch während der Taiji Form die Atmung ruhig, gleichmäßig und tief. Aber es gibt einen ganz wesentlichen Unterschied, auf den man nicht oft genug hinweisen kann.
Qigong, das sind, wie Sie wissen, in erster Linie Atemübungen. Die sie begleitenden Armbewegungen sollen die richtige Atmung unterstützen und sie haben sich nach dieser zu richten und anzupassen. Beim Taiji ist es genau umgekehrt. Taiji ist keine Atemübung, sondern eine Bewegungskunst. Deshalb gibt hier, wenn Sie so wollen, die Bewegung den Ton an und die Atmung muß sich unterordnend anpassen.
Gleichwohl werden immer noch in einigen Kursen die Bewegungsfolgen zusammen mit der Atmung einstudiert, also die exakten Zeitpunkte des Ein- und Ausatmens mit einer Bewegung kombiniert. Das Beste ist, wenn Sie beim Üben gar nicht auf die Atmung achten. Sie wird sich, das können Sie mir glauben, im Laufe der Zeit ganz von alleine nach der Bewegung richten und sie wird auch ganz von alleine ruhig, gleichmäßig und tief.
Natürlich gibt es in jeder Form typische Bilder, die ein bewußtes Ein- oder Ausatmen geradezu provozieren. Die richtige Imagination, und das ist das Thema des nächsten Kapitels, erlaubt Ihnen zusammen mit der Atmung ganz außergewöhnliche Erlebnisse. Ich denke da z.B. an die Sequenz *den Sperling beim Schwanz fassen,* die ich einige Seiten später beschreiben werde. Wenn Sie beim Zurückrollen einatmen, können Sie sich vorstellen, wie Sie mit Ihren Händen die Energie der Erde aufnehmen, sie dann, wenn Sie die Arme und Hände noch mehr anheben, durch Ihre Füße und Beine, Ihren Rumpf und

Ihre Brust weiter nach oben leiten, um sie beim Ausatmen über die Arme und Hände an einen imaginären Gegner abzugeben. Sie können fühlen, wie Sie diesen Gegner dann ohne den geringsten Kraftaufwand weit von sich fortstoßen können, so, als wäre er überhaupt nicht da.

## Imagination

Es gibt viele Sportarten, die zur Leistungssteigerung mit der Imagination arbeiten und gerade im Hochleistungsbereich müssen sich die Sportler oft virtuelle Kulissen, manchmal sogar auch Feindbilder, schaffen, um nicht an ihrem zum Teil ziemlich einsamen und stupiden Training zu zerbrechen.

Wenn Sie z. B. Taiji als Selbstverteidigungssystem trainieren wollen, dann sollten Sie die Forderung eines alten Meisters beherzigen, die ohne Abstriche auch für andere Kampfsportarten gelten kann: *Wenn Sie die Form machen, dann stellen Sie sich vor, daß Sie einen Gegner vor sich haben. Steht aber tatsächlich jemand vor Ihnen, dann machen Sie die Form und tun Sie so, als wäre er nicht da.*

Taiji wäre ein sehr schlechtes Übungssystem, wenn Sie mit solchen Bildern nur dann spielen könnten, wenn Sie die Form komplett beherrschen und obendrein auch noch wissen, was Sie mit jeder Technik anstellen können. Tatsächlich kann man aber schon ziemlich früh, und ich verweise noch einmal auf meine Ausführungen beim Qigong, mit einigen leicht verständlichen Imaginationen arbeiten. Wenn Sie sich auch noch an das Kapitel über die besondere Bewegung beim Taiji erinnern, so wird Ihnen das Spiel mit dem Jojo, der Elefantenrüssel, der Hammerwerfer oder der Wiener Walzer einfallen. Das

bildhafte Denken an diese oder vergleichbare Beispiele kann und wird in der Regel Ihre Bewegungen positiv beeinflussen.
Die Vorstellung, durch intensives Denken eine Energiekugel entstehen zu lassen und sich in dieser zu bewegen, halte ich nicht nur für sehr schön, sondern auch ausgesprochen hilfreich. Ich selbst stelle mir je nach Bedarf drei solcher Energiebälle vor.

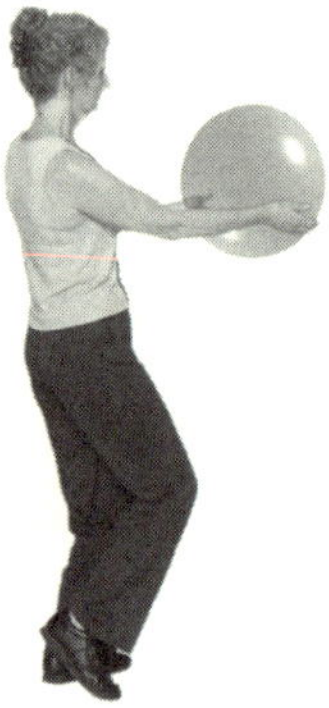

**145** Einen brauche ich zum Beispiel für alle Hand- und Armbewegungen. Wenn ich mit dem Ball jongliere, werden meine Arme und Hände rund, sanft, spielerisch und dennoch kraftvoll. Ich lasse den Ball von einem Arm auf den anderen tanzen, eine Hand übernimmt ihn von der anderen und erstaunlich ist, daß er trotz aller Artistik niemals herunter fallen kann. Geschmeidig und gefühlvoll modelliere ich dabei meine Hände, damit sie möglichst viel Kontakt mit ihm haben. Sie können das, wenn Sie beim Schritt *nach vorne das rechte oder linke Bein streifen,* sehr gut nachempfinden.

**146** Den zweiten Ball brauche ich für alle Beinstellungen und Schrittfolgen. Dadurch, daß ich gleichsam immer auf diesem Ball sitze oder ihn zwischen meinen Beinen hin- und herschiebe, wird mein Stand stabil und kraftvoll und meine Schritte scheinen zu gleiten. Auch das können Sie wieder sehr schön nachempfinden, wenn Sie erleben, wie der *goldene Hahn auf einem Bein steht.*

**147** Der dritte Ball letztlich umgibt wie bei der *Energiedusche* meinen ganzen Körper. Als Folge dieser Imagination spüre ich auch am ganzen Körper die Energie. Gerade diese letzte Vorstellung hilft mir dabei, keine übertriebenen und ausladenden Bewegungen zu machen, alles wird maßvoll, kontrolliert und rund. Und auch das können Sie wieder nachempfinden, wenn Sie *die Mähne des wilden Pferdes* teilen.

Probieren Sie diese Übungen immer wieder aus und lassen Sie sich nicht von ersten Mißerfolgen abschrecken.

## Sperling beim Schwanz fassen

Nun nach der Theorie wieder etwas Praktisches zur Imagination. Keine andere Sequenz taucht in nahezu allen Stilrichtungen so oft und in so vielen Varianten auf wie diese. Mal mit oder ohne Schrittfolge, mal zur rechten Seite oder zur linken und dann wieder nicht ganz vollständig. Deshalb möchte ich sie Ihnen auch einmal aus einer ganz anderen Perspektive vorstellen. In der Regel ist die Beschreibung einer Technik etwas trocken, aber nur dann können Sie sie auch mit dem Buch in der Hand nachmachen. Jetzt aber werde ich meine Ausführungen auf das Wesentliche beschränken und dafür mehr Ihre Phantasie fordern. Stellen Sie sich ruhig einen Kampf mit einem oder mehreren Gegnern vor, gegen den oder die sich zur Wehr setzen müssen. Bestimmen Sie selbst das Tempo Ihrer Aktionen und finden Sie Ihre eigene Dynamik heraus. Vielleicht haben Sie sogar einen Partner, mit dem Sie das Ganze einmal ausprobieren können.

*1. nach unten ziehen*

**148** Halten Sie Ihre Hände wie abgebildet, linke Handfläche nach oben, rechte nach unten. Der linke Ellenbogen ist näher beim Körper. Führen Sie beide Hände nach unten.

Stellen Sie sich vor, Sie greifen mit links das linke Handgelenk eines Gegners, drehen seinen Ellenbogen nach oben und drücken oder schlagen mit Ihrem rechten Handballen auf sein Ellenbogengelenk.

*2. Abwehr rechts*

**149** Führen Sie die linke Hand in einer Kreisbewegung bis etwa in Bauchhöhe nach oben. Die rechte Hand wird mit der Handfläche nach oben in etwa auf die gleiche Höhe geführt. Bewegen Sie beide Hände weiter nach rechts.

Stellen Sie sich vor, daß Sie mit der linken Hand den rechten Fauststoß eines Gegners zu Ihrer rechten Seite abwehren. Ihr rechter Arm übernimmt den Arm des Gegners und Sie lenken dadurch den Gegner an Ihrer rechten Seite vorbei.

*3. Abwehr links*

**150** Jetzt die gleiche Technik nach links, also in Ihrer Vorstellung mit der rechten Hand die linke Faust eines Gegners zu Ihrer linken Seite abwehren und mit Ihrem linken Arm den Gegner an Ihrer linken Seite vorbei führen.

*4. nach hinten ziehen*

**151, 152** Nach der Abwehr links sind Ihre Hände rechts. Von da führen Sie beide Hände in die abgebildete Position, die Sie von der Schrittfolge »Goldener Hahn auf einem Bein« kennen.

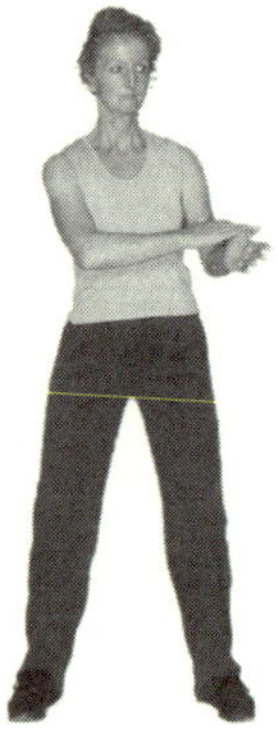

Stellen Sie sich vor, daß Sie ein Gegner mit links ins Gesicht boxen will. Sie greifen mit links sein Handgelenk und mit rechts, Handfläche zum Gesicht, drücken Sie gegen sein Ellenbogengelenk. Sie spüren die von Ihnen ausgeübte Hebelwirkung und führen oder hebeln den Angreifer an Ihrer linken Seite vorbei.

*5. nach vorne drücken*

**153, 154** Führen Sie beide Hände in einer Kreisbewegung von oben nach unten an Ihre linke Hüfte und von dort weiter nach vorne. Die linke Handfläche unterstützt das rechte Handgelenk beim Drücken.

Stellen Sie sich vor, wie Sie Ihren Gegner mit der letzten Technik auf Ihre linke Seite geführt haben. Weil er seinen Faustst0ß nicht placieren konnte, gerät er aus dem Gleichgewicht. In diesem Augenblick lassen Sie seine Arme los und stoßen ihm Ihren rechten Handrücken, unterstützt von der linken Hand, von unten in die kurzen Rippen.

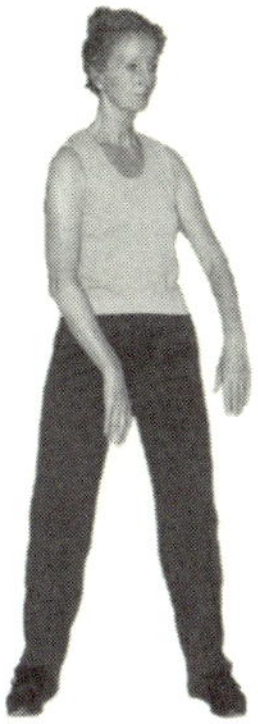

*6. die Hände öffnen und zurückrollen*

**155, 156** Drehen Sie beide Handflächen nach oben und ziehen Sie die Hände in einer Kreisbewegung nach unten. Drehen Sie gleichzeitig die Handflächen zum Körper.

Stellen Sie sich vor, wie ein Gegner von oben Ihre Handgelenke zu fassen versucht. Sie können sich seinem Griff nur entziehen, wenn Sie energisch beide Hände nach unten reißen. Sie nutzen damit die einzige Schwachstelle seiner Hände aus, es ist die Öffnung zwischen Daumen und Zeigefinger.

*7. nach vorne stoßen*

**157, 158** Heben Sie die Hände etwa bis zum Kopf und stoßen Sie sie dann in Schulterhöhe mit den Handflächen nach vorne von sich.

Stellen Sie sich vor, wie Ihr Gegner sein Gleichgewicht verliert, weil er Sie mit der letzten Technik nicht fassen konnte, er taumelt ein wenig auf Sie zu. In diesem Augenblick stoßen Sie ihn mit beiden Händen kräftig vor die Brust und weit von sich fort.

# Taikyokuken

Taikyokuken ist das Taiji des japanischen Verbandes »All Japan China Kempo Federation«. Große Ähnlichkeiten mit dem Yang-Stil sind nicht zu leugnen, und trotzdem ist diese Form keine japanische Kopie, sondern eine eigene Entwicklung.
Lassen Sie die Bilder einfach nur auf sich wirken. Sie sehen hier den gesamten Ablauf der Form, einschließlich aller Wiederholungen und Übergänge. Damit Sie auch den richtigen Eindruck bekommen und die sich ständig ändernden Richtungen besser erkennen, bleibt Ihre Position als Betrachter unverändert. Leider sehen Sie dann aber auch im Einzelfall den Rücken des Vortragenden.
Versuchen Sie bitte nicht, anhand der Bilder die Form lernen zu wollen. Dafür brauchen Sie einen Lehrer, der Ihnen die einzelnen Bewegungen vormacht und erklärt.

## Die Form

Unter einer Form oder Kata versteht man eine genau festgelegte Reihenfolge von Einzeltechniken, die erst in der Form miteinander verbunden werden. Der Zuschauer gewinnt dadurch den Eindruck einer nicht endenden Bewegungsfolge, die den Kampf eines Einzelnen gegen eine Vielzahl imaginärer Gegner zeigt.
Tatsächlich kann man auch die gesamte Form mit mehreren Partnern durchaus als Kampf darstellen. Das setzt allerdings voraus, daß alle Beteiligten nicht nur den genauen Ablauf, sondern auch sämtliche dazu passen-

den Angriffstechniken perfekt beherrschen, damit eine solche Vorführung nicht in einem allgemeinen Chaos endet.
Die Präsentation einer langen Form dauert etwa dreißig Minuten und je nach der ganz persönlichen Tagesform, können es auch schon mal vierzig Minuten werden. Was Sie nicht auf den Bildern sehen ist, daß die Form an dem gleichen Punkt wieder enden muß, an dem sie begonnen hat.
Grundsätzlich besteht eine Taiji Form aus drei Teilen.
Der erste Teil symbolisiert die Erde. Hier liegt der Schwerpunkt, wenn Sie so wollen, auf grundsätzlichen und bodenständigen Stellungen und sehr einfachen Bewegungen. Dadurch soll die feste Verwurzelung des Menschen mit dem Element Erde deutlich werden.
Der zweite Teil repräsentiert den Aspekt des Himmels. Er ist sehr viel länger als der erste Teil. Neben der Vertiefung der bereits erfahrenen Grundprinzipien kommen jetzt einige neue Bewegungsvarianten hinzu. Insbesondere die verschiedenen Fußtritte, sehr viele Richtungsänderungen und viele komplexe Bewegungsbilder brauchen viel Raum.
Der dritte Teil repräsentiert den Menschen und bildet den krönenden Abschluß der Form. Sequenzen aus den beiden ersten Abschnitten werden zum Teil wiederholt und miteinander verknüpft, aber auch wieder sehr viel neue Bewegungsmuster gehören dazu. Dieser Teil, mit dem sich der Mensch um eine harmonische Stellung zwischen Himmel und Erde bemüht, verlangt großes körperliches Geschick und ein stabiles Gleichgewicht.
Meine Form besteht aus dreizehn verschieden langen Teilgebieten. Der erste Teil der Form, die Erde, setzt sich aus drei kurzen Teilgebieten, der zweite Teil, der Himmel, setzt sich aus drei sehr langen Teilgebieten und der dritte Teil, der Mensch, setzt sich aus fünf Teilgebieten zusam-

men. Erde und Himmel werden durch das vierte, und Himmel und Mensch durch das achte Teilgebiet miteinander verbunden. Diese beiden Teilgebiete sind vollkommen identisch.
Wenn Sie das von mir dargestellte Taikyokuken mit einer Ihnen bekannten langen Form eines anderen Stils vergleichen, werden Sie feststellen, daß die Anzahl der Einzeltechniken zu den namentlich bezeichneten Bewegungsbildern im Einzelfall anders sein kann.
So besteht z.B. im Yang-Stil die Folge *den Sperling beim Schwanz fassen* normalerweise aus fünf Einzeltechniken, kann aber auch schon einmal im Einzelfall nur aus vier bestehen. Beim Taikyokuken besteht dieses Bild allerdings aus sieben Techniken.
Ich möchte aber noch einmal betonen, daß letztlich die dargestellte Stilrichtung vollkommen nebensächlich ist.
Wichtig ist mir einfach, daß Sie sich anhand der Bilder einen Gesamteindruck von Taiji verschaffen können. Sie werden übrigens nahezu alle von mir angesprochenen Eigenschaften und Elemente der sanften Künste in der Form wieder finden.

## Die Erde

### *1. Teilgebiet*

| *Bilder* | *Bezeichnung* | |
|---|---|---|
| 1–2 | Vorbereitung | |
| 3–5 | Eröffnung | |
| 6–8 | nach hinten ziehen | |
| 9–10 | nach vorne drücken | |
| 11 | zurückrollen | |
| 12–23 | den Sperling beim Schwanz fassen | |
| | 12–14 | nach unten ziehen |

| | |
|---|---|
| 15 | Abwehr rechts |
| 16 | Abwehr links |
| 17–18 | nach hinten ziehen |
| 19 | nach vorne drücken |
| 20 | zurückrollen |
| 21–23 | nach vorne stoßen |

*2. Teilgebiet*

| *Bilder* | *Bezeichnung* |
|---|---|
| 24–28 | Schleife |
| 29–30 | linke Hand unter den Ellenbogen |
| 31–35 | der weiße Kranich breitet seine Flügel aus |

*3. Teilgebiet*

| *Bilder* | *Bezeichnung* |
|---|---|
| 36–43 | Schritt nach vorne und linkes Knie streifen |
| 44–45 | Schritt nach vorne und rechtes Knie streifen |
| 46–47 | Schritt nach vorne und linkes Knie streifen |
| 48 | nach hinten ziehen |
| 49–51 | Schritt nach vorne, nach oben abwehren |
| 52–53 | zur Seite abwehren, Schritt nach vorne und boxen |
| 54 | zurückrollen |
| 55 | nach vorne stoßen |

Ende des ersten Teils (Erde)

*4. Teilgebiet*
*(Verbindungsteil zwischen Erde und Himmel)*

| *Bilder* | *Bezeichnung* |
|---|---|
| 56–60 | die Hände kreuzen |
| 61–63 | Schritt nach vorne und linkes Knie streifen |

| | |
|---|---|
| 64–68 | den Tiger zum Berg zurücktragen |
| 69–76 | den Sperling beim Schwanz fassen |

## Der Himmel

### *5. Teilgebiet*

| *Bilder* | *Bezeichnung* |
|---|---|
| 77–82 | Schleife |
| 83–84 | eine Hand unter dem Ellenbogen |
| 85–87 | der goldene Hahn steht auf einem Bein rechts |
| 88–89 | der goldene Hahn steht auf einem Bein links |
| 90–91 | der goldene Hahn steht auf einem Bein rechts |
| 92–93 | diagonaler Flug |
| 94–96 | die Mähne des wilden Pferdes teilen links |
| 97–98 | diagonaler Flug |
| 99–101 | der weiße Kranich breitet seine Flügel aus |

### *6. Teilgebiet*

| *Bilder* | *Bezeichnung* |
|---|---|
| 102–109 | Schritt nach vorne und linkes Knie streifen |
| 110–112 | die Nadel vom Meeresboden aufheben |
| 113 | Gitarre spielen |
| 114–116 | die Hände wie einen Fächer ausbreiten |
| 117–119 | sich umdrehen und boxen |
| 120–124 | zur Seite abwehren, Schritt nach hinten und boxen |
| 125–127 | Schritt nach vorne und Abwehr rechts |
| 128–129 | Abwehr links |
| 130–131 | Schritt nach vorne, nach hinten ziehen |
| 132–133 | Schritt nach vorne, nach vorne drücken |
| 134 | zurückrollen |
| 135 | nach vorne stoßen |

*7. Teilgebiet*

| *Bilder* | *Bezeichnung* |
|---|---|
| 136–140 | Schleife |
| 141–140 | Wolkenhände |
| 151–153 | Schleife |
| 154–155 | den Rücken des Pferdes streicheln |
| 156–159 | die Hände kreuzen und rechtes Bein heben |
| 160–161 | den Rücken des Pferdes streicheln |
| 162–164 | die Hände kreuzen und linken Fuß heben |
| 165–167 | sich umdrehen und mit der Ferse treten |
| 168–169 | linkes Bein heben |
| 170 | Schritt nach vorne und linkes Knie streifen |
| 171–173 | Schritt nach vorne und rechtes Knie streifen |
| 174–176 | linken Fuß heben und nach unten boxen |
| 177–178 | Schritt nach vorne und nach unten boxen |
| 179–180 | sich umdrehen und boxen |
| 181–183 | Schritt nach vorne und den Rücken des Pferdes streicheln |
| 184–186 | die Arme kreuzen und rechtes Bein heben |
| 187–190 | den Tiger links treffen |
| 191–193 | den Tiger rechts treffen |
| 194 | den Rücken des Pferdes streicheln |
| 195–196 | die Arme kreuzen und rechtes Bein heben |
| 197–199 | die Ohren des Gegners mit der Faust treffen |
| 200–206 | Fußstoß zur Seite links |
| 207–209 | sich umdrehen und rechtes Bein heben |
| 210–211 | nach unten abwehren |
| 212–215 | Schritt nach vorne, zu den Seiten abwehren und boxen |
| 216 | zurückrollen, nach vorne stoßen |

Ende des zweiten Teils (Himmel)

*8. Teilgebiet*
*(Verbindungsteil zwischen Himmel und Mensch)*

| *Bilder* | *Bezeichnung* |
|---|---|
| 217–220 | die Hände kreuzen |
| 221–223 | Schritt nach vorne und linkes Knie streifen |
| 224–228 | den Tiger zum Berg zurücktragen |
| 229–236 | den Sperling beim Schwanz fassen |

## Der Mensch

*9. Teilgebiet*

| *Bilder* | *Bezeichnung* |
|---|---|
| 237–242 | Schleife |
| 243–246 | die Mähne des wilden Pferdes teilen rechts |
| 247–249 | die Mähne des wilden Pferdes teilen links |
| 250–253 | die Mähne des wilden Pferdes teilen rechts |
| 254–256 | die schöne Jadetochter wirft das Weberschiffchen links |
| 257–258 | die schöne Jadetochter wirft das Weberschiffchen rechts |
| 259–260 | die schöne Jadetochter wirft das Weberschiffchen links |
| 261–264 | die schöne Jadetochter wirft das Weberschiffchen rechts |
| 265–273 | den Sperling beim Schwanz fassen |

*10. Teilgebiet*

| *Bilder* | *Bezeichnung* |
|---|---|
| 274–278 | Schleife |
| 279–287 | Wolkenhände |
| 288–291 | gehockte Schleife |

| | |
|---|---|
| 292–294 | die weiße Schlange kriecht nach unten |
| 295–297 | die weiße Schlange zeigt ihre Zunge |
| 298–299 | der goldene Hahn steht auf einem Bein |
| 300–302 | Schritt nach hinten und den Affen abwehren rechts |
| 303–305 | Schritt nach hinten und den Affen abwehren links |
| 306–308 | Schritt nach hinten und den Affen abwehren rechts |
| 309–310 | diagonaler Flug |
| 311–313 | die Mähne des wilden Pferdes teilen links |
| 314–315 | diagonaler Flug |
| 316–318 | der weiße Kranich breitet seine Flügel aus |

*11. Teilgebiet*

| *Bilder* | *Bezeichnung* |
|---|---|
| 319–326 | Schritt nach vorne und linkes Knie streifen |
| 327–329 | die Nadel vom Meeresboden aufheben |
| 330 | Gitarre spielen |
| 331–333 | die Hände wie einen Fächer ausbreiten |
| 334–336 | sich umdrehen und boxen |
| 337–341 | zur Seite abwehren, Schritt nach vorne und boxen |
| 342–344 | Schritt nach vorne und Abwehr rechts |
| 345–346 | Abwehr links |
| 347–348 | nach hinten ziehen |
| 349–350 | nach vorne drücken |
| 351 | zurückrollen |
| 352 | nach vorne stoßen |

### *12. Teilgebiet*

| *Bilder* | *Bezeichnung* |
|---|---|
| 353–357 | Schleife |
| 358–367 | Wolkenhände |
| 368–370 | Schleife |
| 371–372 | den Rücken des Pferdes streicheln |
| 373–374 | Schritt nach vorne und mit den Fingern stechen |
| 375–376 | Drehung mit Fußstoß rechts |
| 377–380 | Schritt nach vorne und Fauststoß nach unten |
| 381–392 | den Sperling beim Schwanz fassen |

### *13. Teilgebiet*

| *Bilder* | *Bezeichnung* |
|---|---|
| 393–398 | gehockte Schleife |
| 399–401 | die weiße Schlange kriecht nach unten |
| 402–403 | Schritt nach vorne zu den sieben Sternen |
| 404–409 | Schritt zurück und den Tiger reiten |
| 410–412 | den Tiger zum Berg zurücktragen |
| 413 | die schöne Jadetochter wirft das Weberschiffchen links |
| 414–415 | die schöne Jadetochter wirft das Weberschiffchen rechts |
| 416 | horizontaler Tritt |
| 417–419 | den Bogen spannen und den Tiger schießen |
| 420–424 | zur Seite abwehren, Schritt nach vorne und boxen |
| 425 | zurückrollen |
| 426 | nach vorne stoßen |
| 427–436 | Abschluss |
| 437–441 | Schließen der Form |

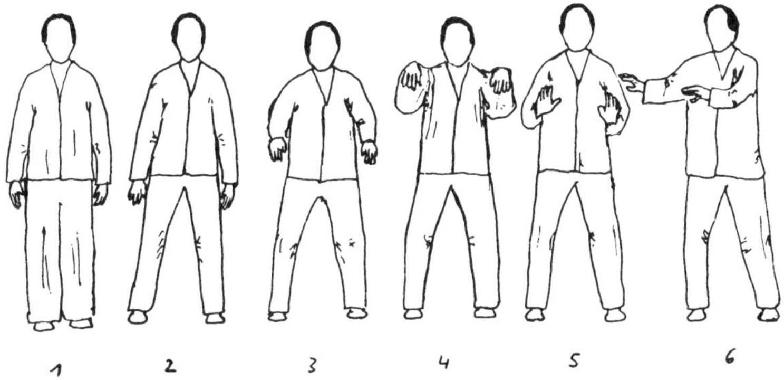
1
2
3
4
5
6

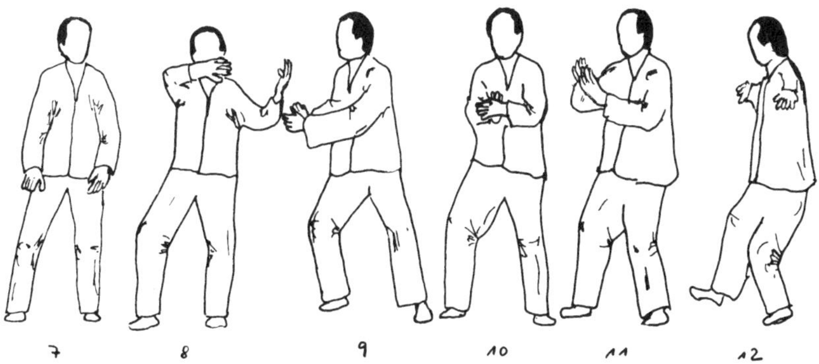
7
8
9
10
11
12

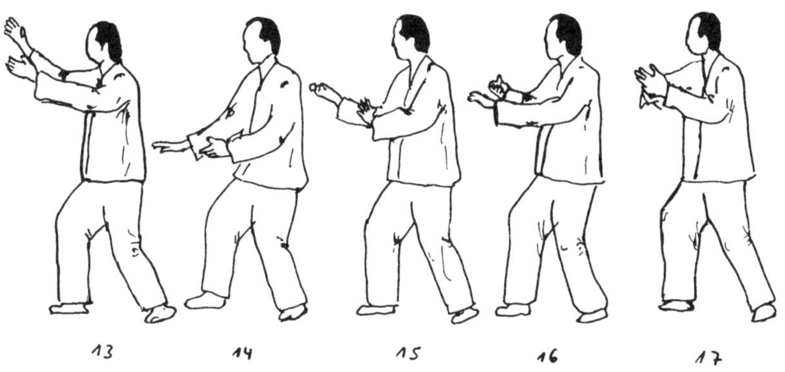
13
14
15
16
17

18 19 20 21 22 23

24 25 26 27 28 29

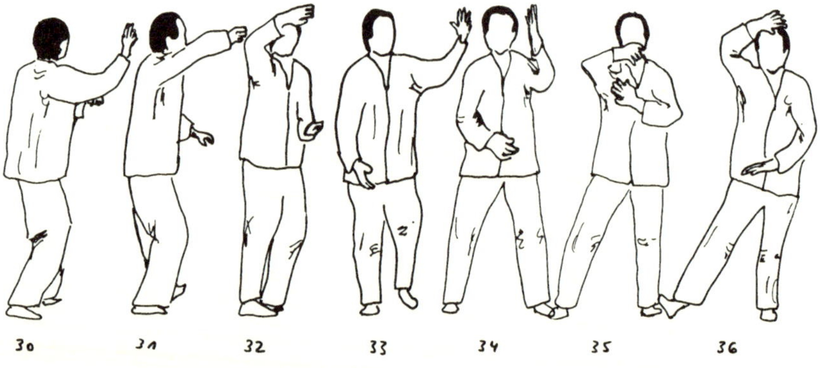

30 31 32 33 34 35 36

37 38 39 40 41 42

43 44 45 46 47 48 49

50 51 52 53 54 55 56

57 58 59 60 61 62

63 64 65 66 67 68

69 70 71 72 73 74

75
76
77
78
79
80
81
82
83
84
85
86
87
88
89
90
91
92
93
94
95

96 97 98 99 100 101 102

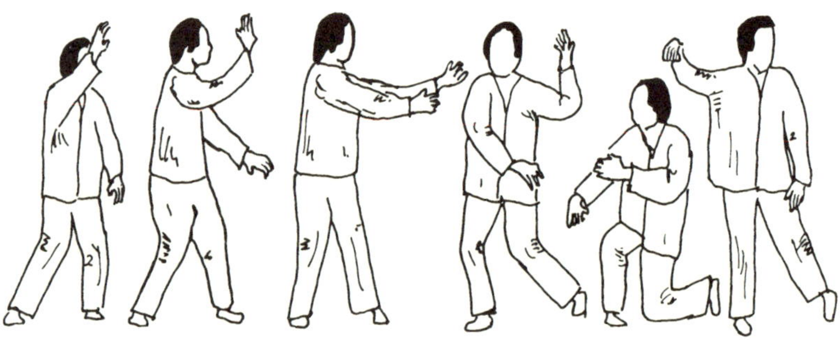

103 104 105 106 107 108

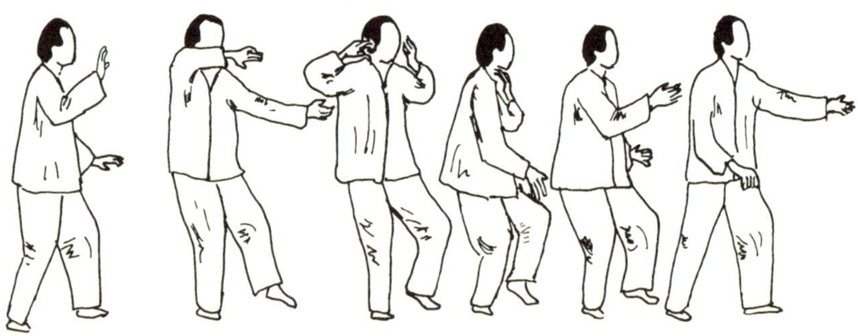

109 110 111 112 113 114

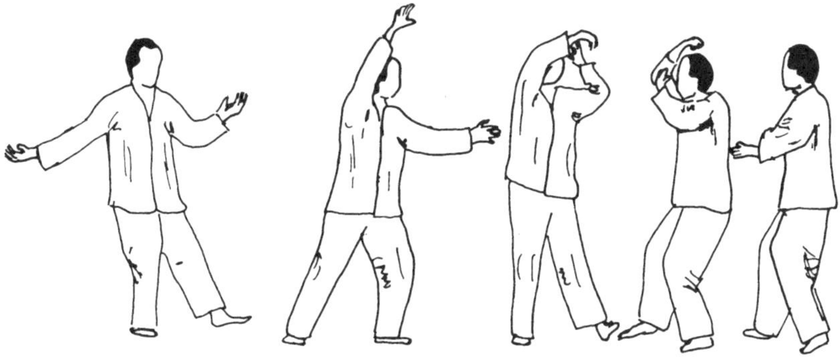

115 116 117 118 119

120 121 122 123 124 125

126 127 128 129 130 131

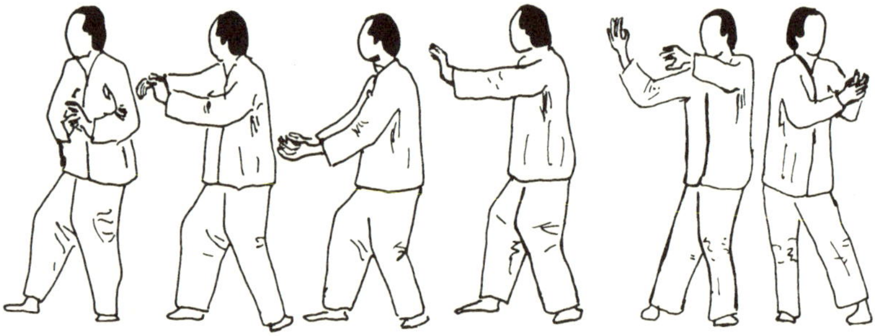

132 133 134 135 136 137

138 139 140 141 142

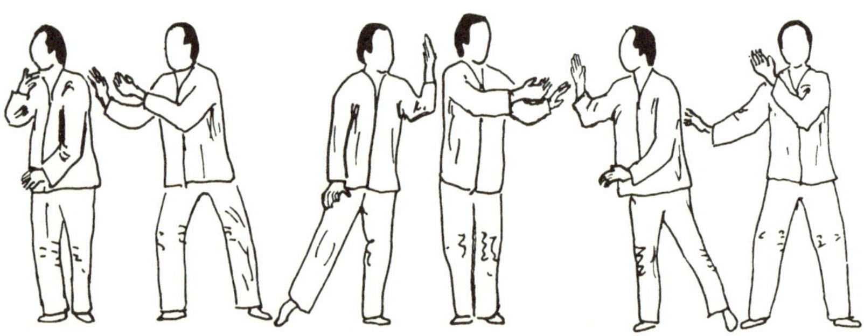

143 144 145 146 147 148

149 150 151 152 153 154

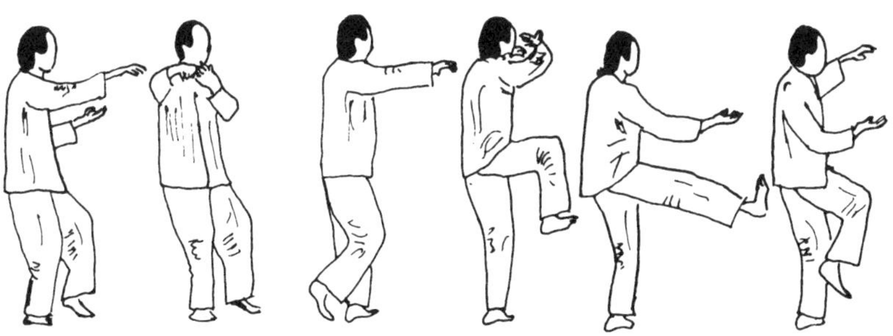

155 156 157 158 159 160

161 162 163 164 165 166

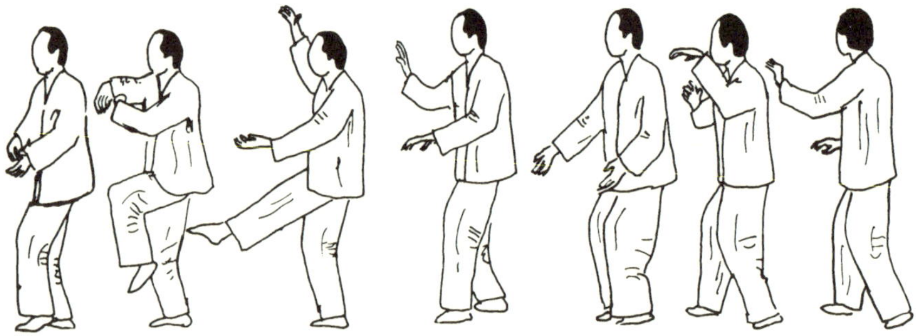

167 168 169 170 171 172 173

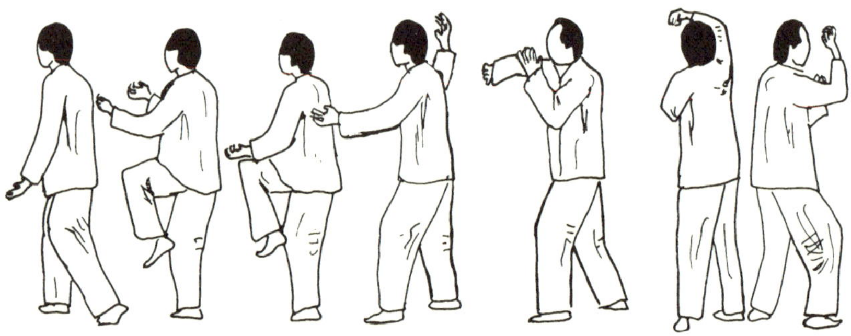

174 175 176 177 178 179 180

181 182 183 184 185 186

187 188 189 190 191 192

193 194 195 196 197

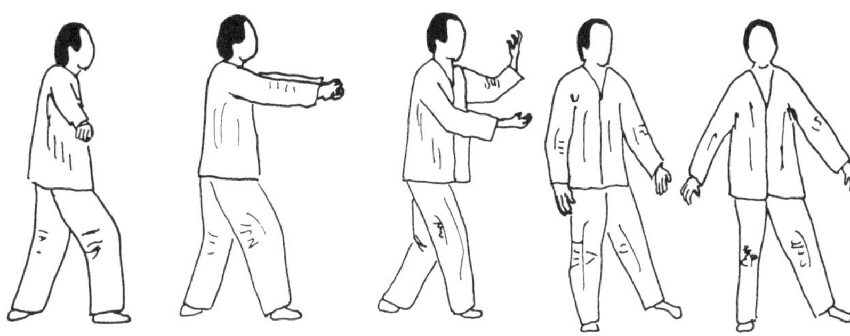

198 199 200 201 202

203 204 205 206 207 208

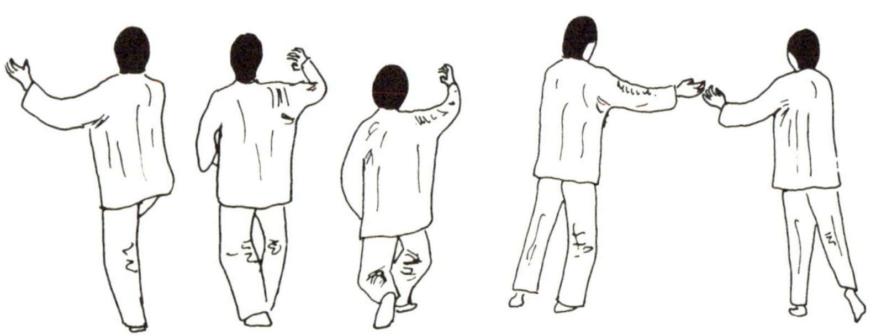

209 210 211 212 213

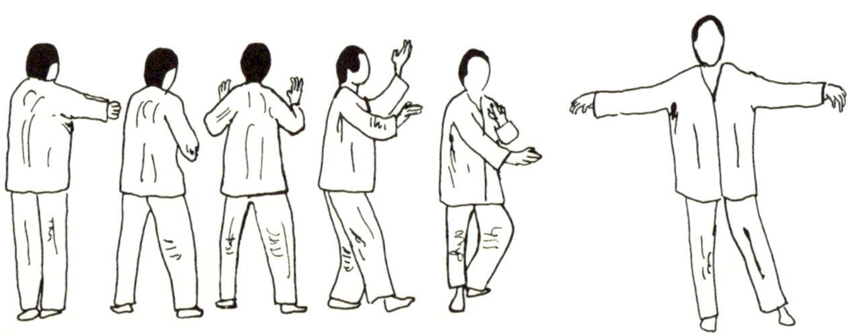

214 215 216 217 218 219

220 221 222 223 224 225

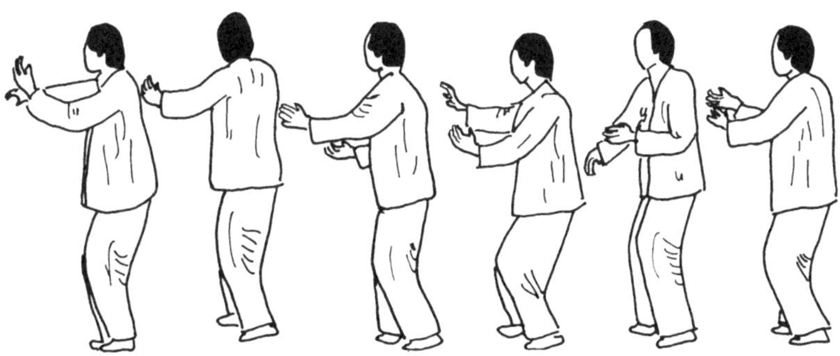

226 227 228 229 230 231

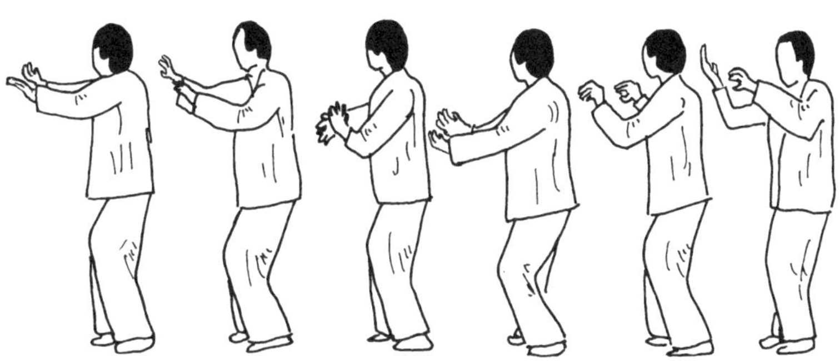

232 233 234 235 236 237

238 239 240 241 242 243

244 245 246 247 248

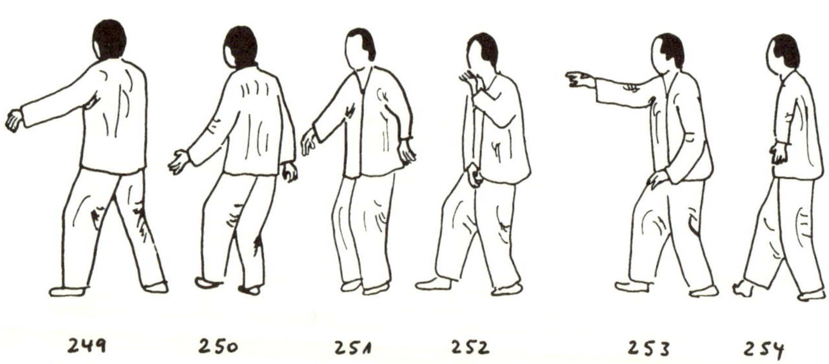

249 250 251 252 253 254

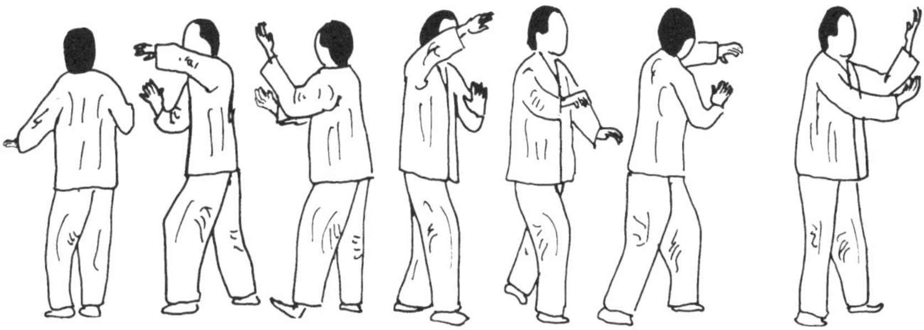

255 256 257 258 259 260 261

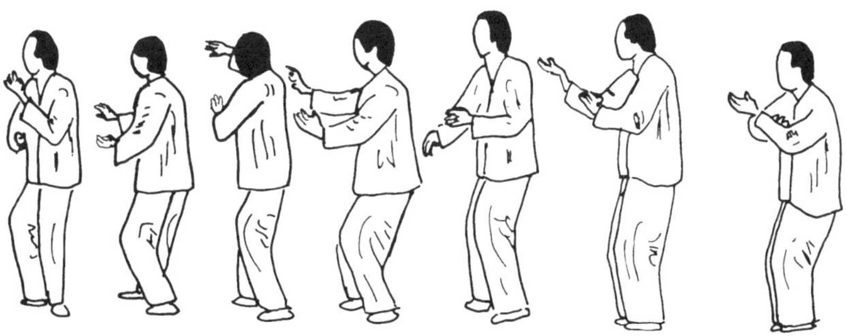

262 263 264 265 266 267 268

269 270 271 272 273 274

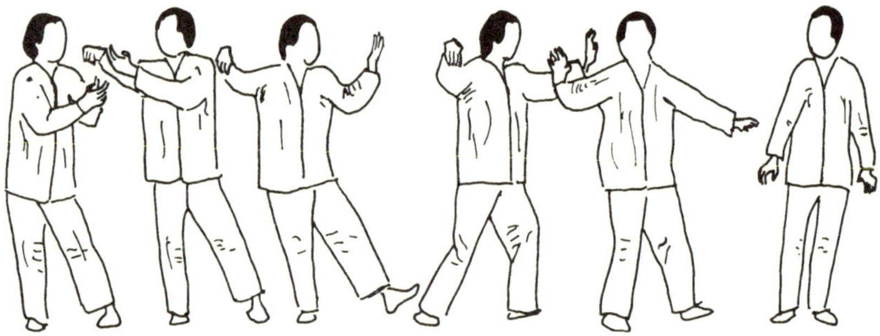

275 276 277 278 279 280

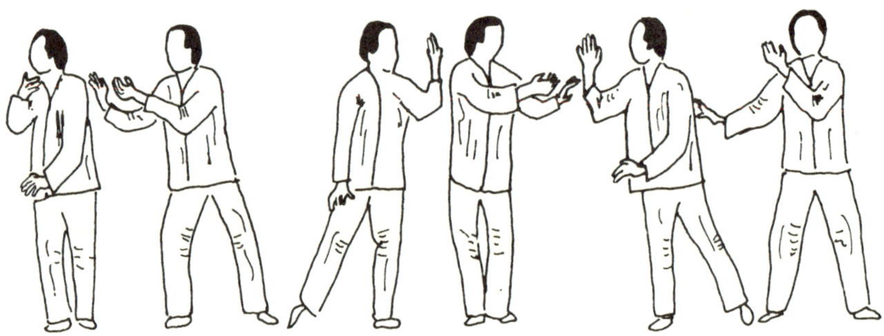

281 282 283 284 285 286

287 288 289 290

291

292

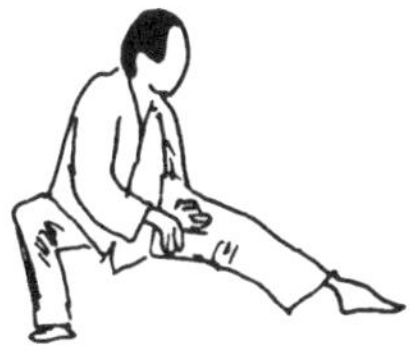
293

294

295

296

297

298

299

300

301

302

303

304

305

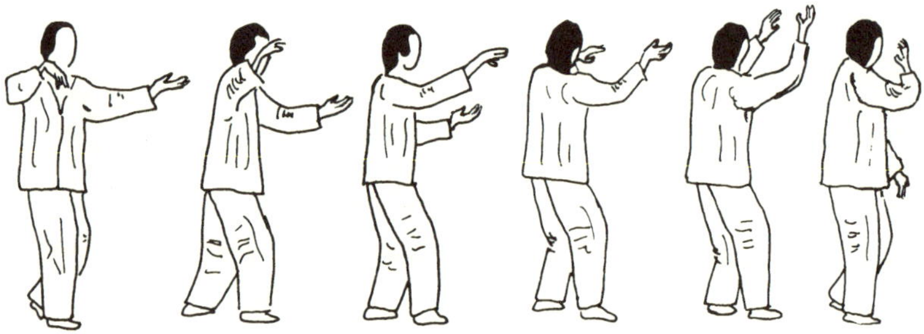

306 307 308 309 310 311

312 313 314 315 316 317 318

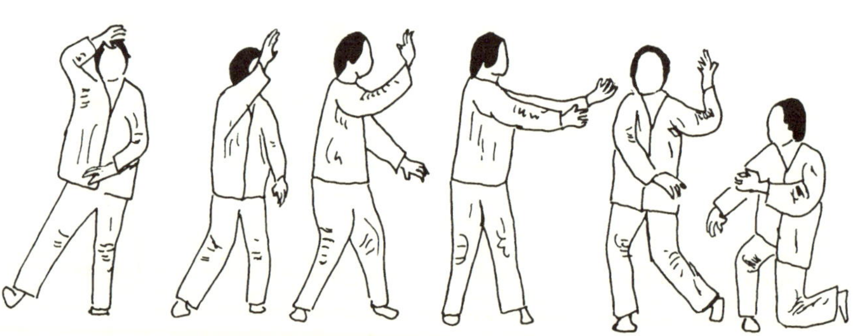

319 320 321 322 323 324

325 326 327 328 329 330

331 332 333 334 335

336 337 338 339 340

341 342 343 344 345 346

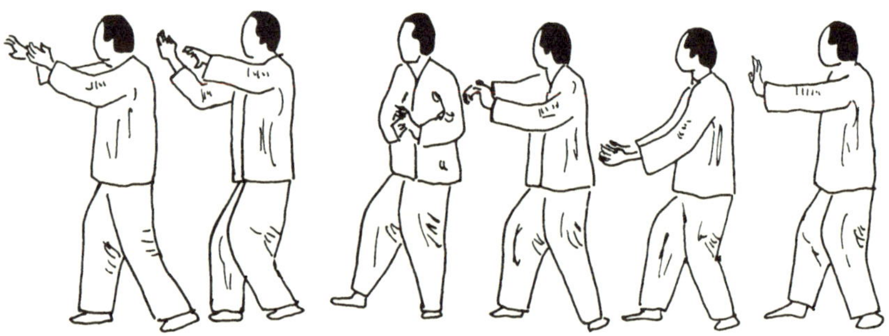

347 348 349 350 351 352

353 354 355 356 357 358

359 360 361 362 363 364

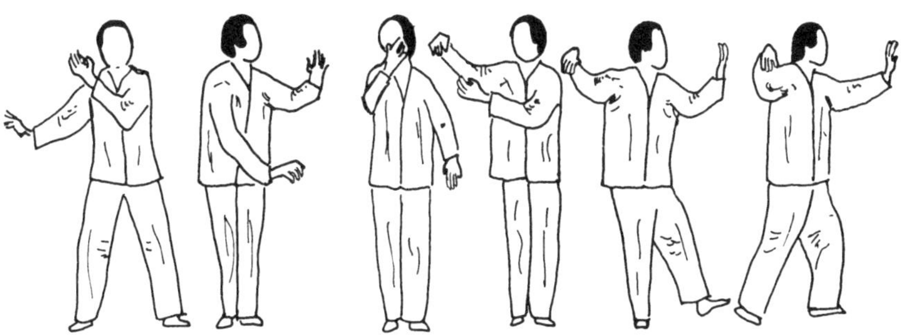

365 366 367 368 369 370

371 372 373 374 375 376

377 378 379 380 381 382

383 384 385 386 387 388

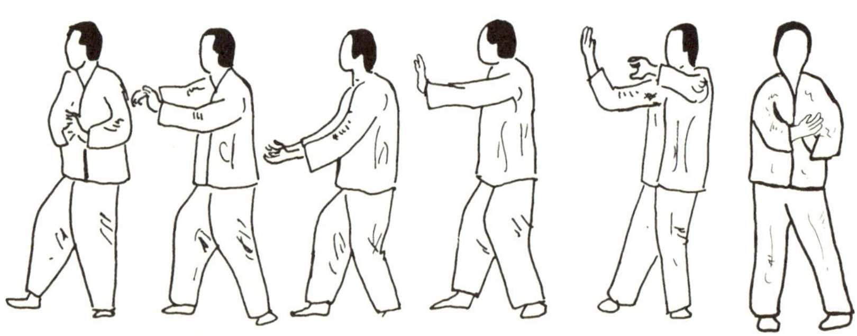

389 390 391 392 393 394

395

396

397

398

399

400

401

402

403

404

405

406

407

408

409

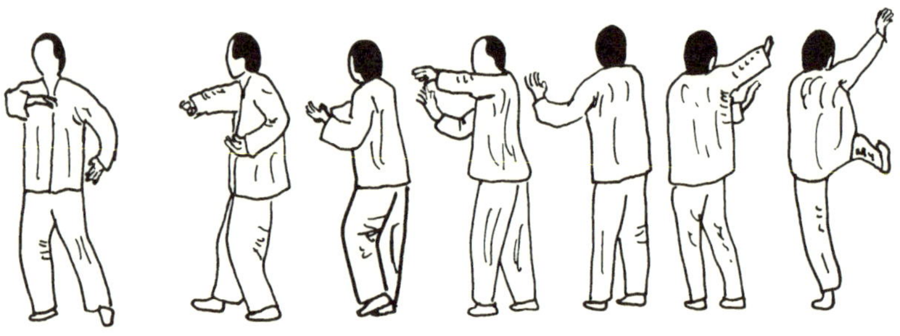

410 411 412 413 414 415 416

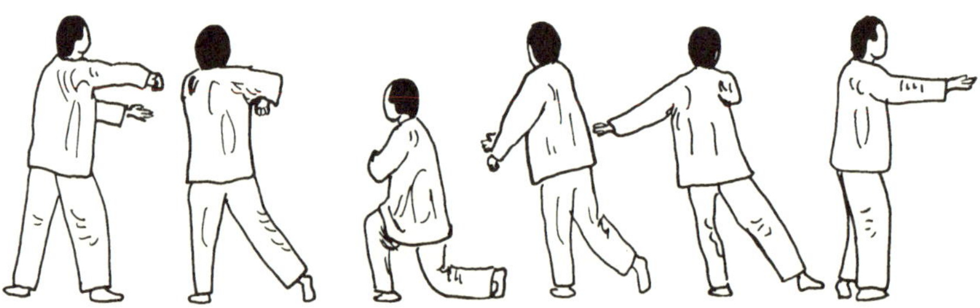

417 418 419 420 421 422

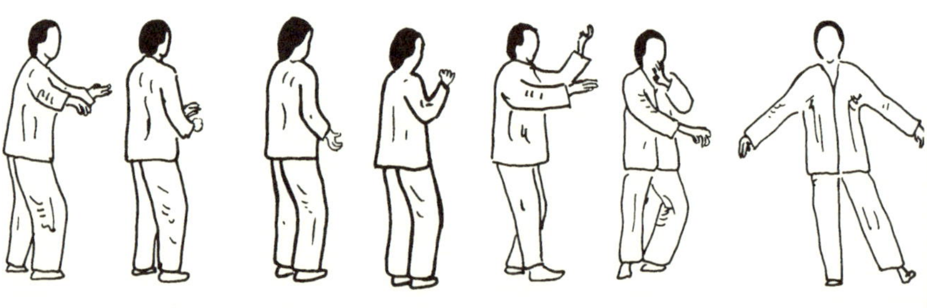

423 424 425 426 427 428 429

430 431 432 433 434 435

436 437 438 439 440 441

# Die Kerze ausstoßen

Zum Schluß möchte ich Ihnen eine kleine Übung vorstellen, die auf den ersten Blick nichts mit den sanften Künsten zu tun hat. Und dennoch kann man, wenn man will, einen Zusammenhang herstellen. In erster Linie aber soll dieser kleine Test einfach nur Spaß machen. Natürlich kann man die Aufgabe belächeln, man kann aber auch versuchen, sie auszuprobieren.

Es geht darum, eine brennende Kerze mit einem gezielten Handstoß zu löschen, ohne die Kerze zu berühren oder die Flamme einfach auszuschlagen. Nur wenn der Stoß blitzschnell ausgeführt wird, werden Sie Erfolg haben. Und Sie sind nur dann blitzschnell, wenn Sie vollkommen entspannt sind. Das Schöne bei dieser Übung ist, daß Sie mit Kraft nicht die geringste Chance haben.

Nehmen Sie die ganz links im Foto abgebildete Stellung ein. Heben Sie die rechte Hand, das Handgelenk bleibt ganz locker, bis etwa in Kopfhöhe an. Drehen Sie zunächst langsam die Hüfte nach vorne und bewegen Sie

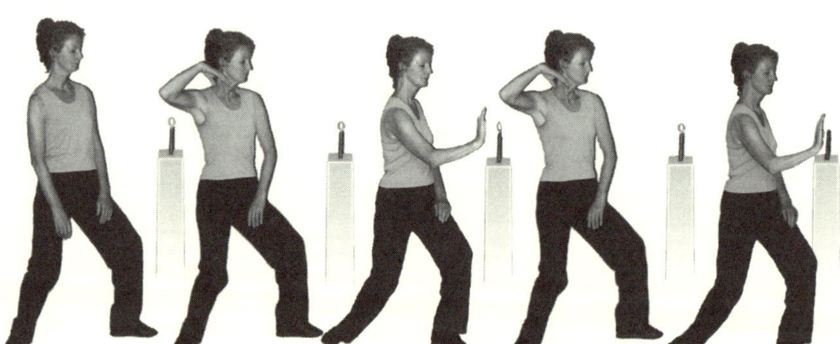

Ihre Hand auf die Kerze zu. Dabei richten sich Ihre Fingerspitzen auf. Drehen Sie Ihre Hüfte wieder in die Ausgangsposition zurück und führen Sie auch Ihre Hand wieder zum Kopf. Steigern Sie allmählich das Tempo, um ein Gefühl für die Qualität der Technik und den Abstand zur Kerze zu bekommen. Lassen Sie Ihre Hand als Folge der schnellen Hüftdrehung geradezu explosionsartig nach vorne zucken. Spannen Sie für den Bruchteil einer Sekunde die Muskeln zum Abbremsen des Stoßes an und entspannen Sie sich sofort wieder, um die Hand zurückzuziehen.

Überhasten Sie nichts, sondern warten Sie auf den richtigen Augenblick, in dem wirklich alles, also Anspannung und Entspannung, stimmt. Werden Sie absichtslos, und die Flamme erlischt.

# Schluß

Natürlich gibt es verschiedene Wege, sich den sanften Künsten zu nähern. Das kann mal wissenschaftlich, mal emotional, dann wieder sportlich, oder auch nur interessiert sein. Und doch ändert keine dieser Einstellungen etwas an der besonderen Qualität dieser Künste. Es ist müßig, in diesem Zusammenhang über falsch oder richtig oder besser oder schlechter zu diskutieren. Alles ist erlaubt, weil alles richtig wird. Und wenn Sie jetzt etwas neugierig geworden sind, dann versuchen Sie bitte immer an Folgendes zu denken:

- Lassen Sie sich nicht von der Theorie, also zu mystischen und zu wissenschaftlichen Erklärungen, abschrecken. Fangen Sie einfach an.
- Ihr Lehrer weiß nicht alles und Sie können sicher sein, daß er von Ihnen genau so viel lernt, wie Sie von ihm.
- Lassen Sie sich und den sanften Künsten Zeit, einander kennen zu lernen.
- Gesunder Ehrgeiz ist in Ordnung, lehnen Sie aber Streß entschieden ab.
- Versuchen Sie täglich zu üben.
- Bewahren Sie sich immer den Spaß an der Bewegung. Wenn Sie den nicht oder nicht mehr spüren, wechseln Sie entweder den Lehrer, oder machen Sie etwas anderes.

Wenn Sie mit mir Kontakt aufnehmen möchten, dann senden Sie Ihre E-mail an: Ingo.Jarosch@gmx.de.
Bei ausreichendem Interesse (allerdings nicht mehr als acht Teilnehmer) übernehme ich die Organisation von Wochenendseminaren.

# Alle Übungen auf einen Blick

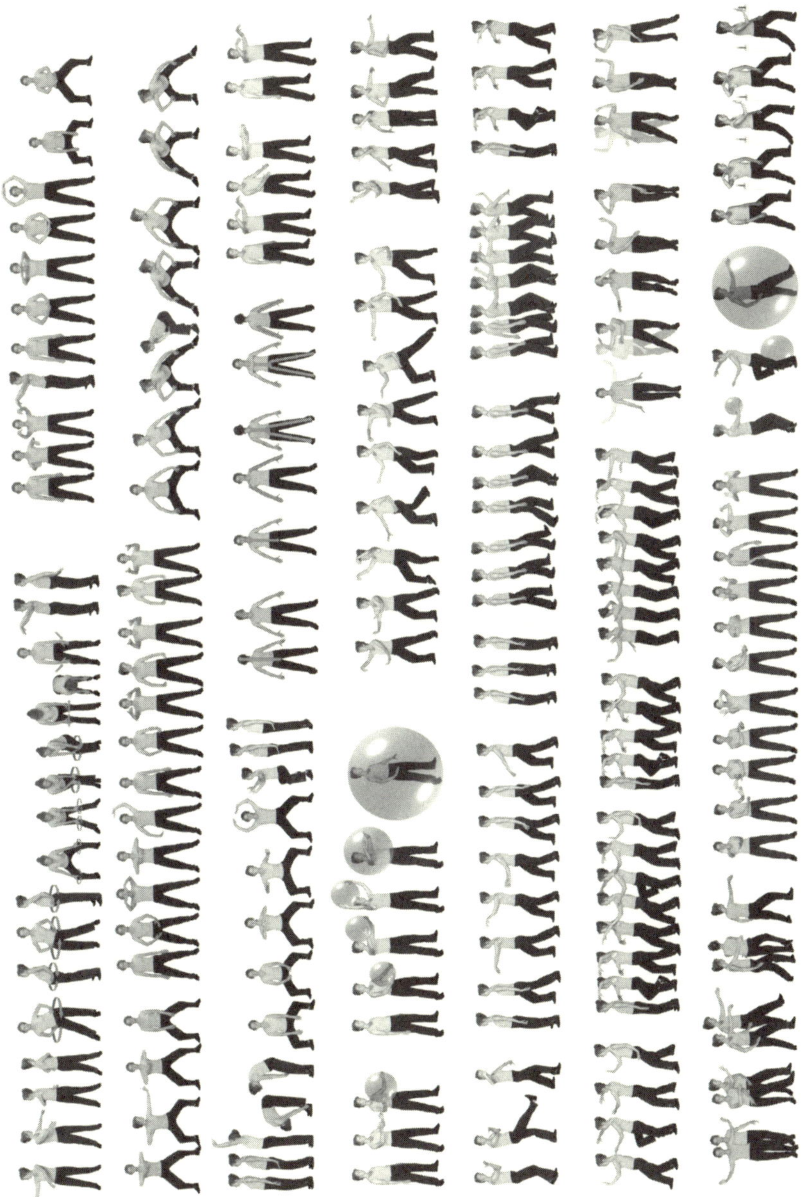

Notizen

# Notizen

Notizen

Notizen

Notizen

Notizen

Notizen

**Ingo Jarosch,** geb. 1942, lebt und arbeitet in Düsseldorf. Hauptberuflich ist er in einem Rechenzentrum tätig. Durch seine Kinder geriet er vorerst mit Judo in Kontakt (2. Dan), danach mit Taiji – mehr und mehr zogen ihn die »sanften Künste« in ihren Bann, mit denen er sich seit bald dreißig Jahren intensiv beschäftigt. Zwei Bücher darüber (**Tai Chi** und **Die acht Brokate**) bei Rowohlt fanden große Beachtung.